태권도 기술체계와 기본동작의 이해

저자 설성란, 여상흠, 박범진, 강재홍, 김성근, 이준호, 구본호

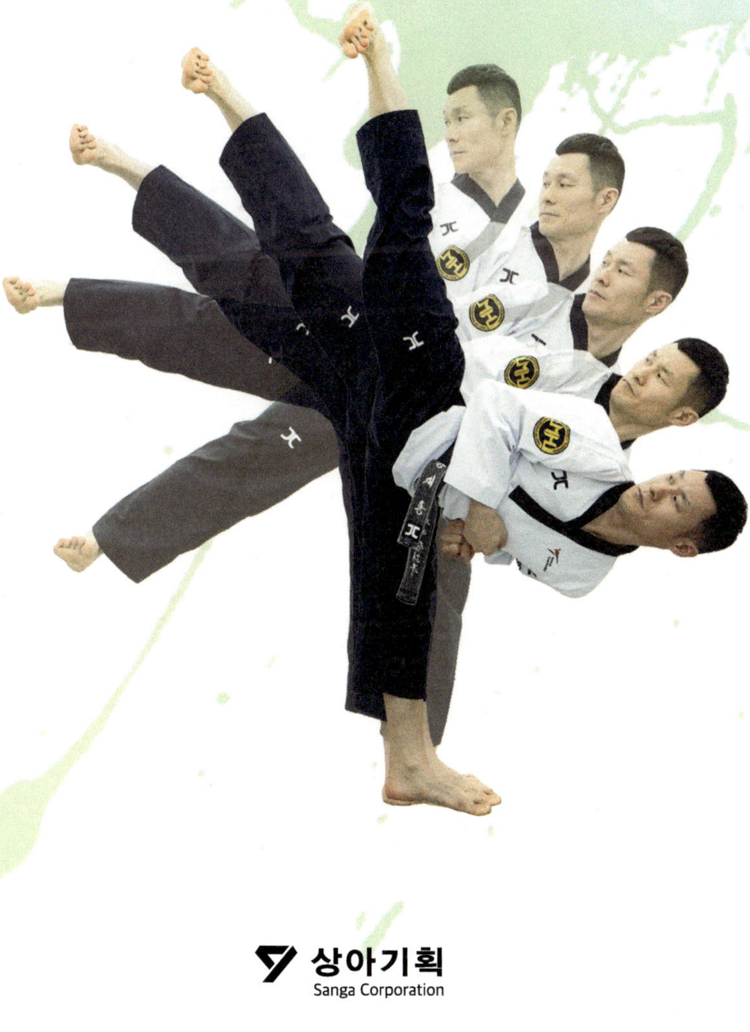

상아기획
Sanga Corporation

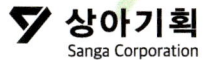

태권도 기술체계와 기본동작의 이해

초판발행 | 2025년 4월 22일

지 은 이 | 설성란, 어상흡, 박범진, 강재홍, 김성근, 이준호, 구본호
펴 낸 이 | 문상필
편집디자인 | 권태궁

펴 낸 곳 | 상아기획
등 록 번 호 | 제318-1997-000041호
주   소 | 서울시 영등포구 경인로 82길 3-4 (문래동 1가 센터플러스 715호)
대 표 전 화 | 02-2164-2700
홈 페 이 지 | www.tkdsanga.com
이 메 일 | 0221642700@daum.net

가격 20,000원

ISBN 979-11-86196-39-7   13690

ⓒ 저작권은 저자에게 있습니다. 저자와 합의해 인지는 생략합니다.
* 잘못 만들어진 책은 구입하신 서점에서 교환해 드립니다.
  Printed in KOREA

들어가면서

    이 책은 태권도의 기본을 다지고 기술을 체계적으로 이해하는 데 필요한 지침을 제공하고자 기획되었다. 태권도 기술체계에 대한 올바른 이해는 지도자와 수련자가 태권도에 대한 이해와 깊이를 더해 줌으로써 기술을 응용하고 자유롭게 확장 시킬 수 있도록 한다. 이 책은 이러한 목표를 달성하는 데 훌륭한 길잡이가 되어줄 것이다.

    이 책은 태권도 기술의 근간을 이루는 단위동작의 개념을 명확히 정의하고, 이를 바탕으로 태권도의 기본동작과 기술체계를 체계적으로 설명한다. 태권도 기술을 구성하는 핵심 요소인 서기, 사용부위, 공방기술을 세분화하여 제시하고, 각 요소들이 어떻게 조화를 이루어 하나의 완전한 기술을 형성하는지 상세히 설명한다. 또한, 태권도 기술의 이름(품이름)이 어떻게 구성되는지, 그리고 품이름이 기술의 속성과 의미를 어떻게 반영하는지에 대한 이해를 돕는다.

    이 책에서 소개하는 태권도 기술동작은 동작의 원리와 패턴을 운동역학적 관점에서 구분하여 제시한다. 이러한 과학적 접근으로 독자들은 태권도 기술의 구조와 원리를 깊이 있게 이해할 수 있을 것이다.

    이 책을 통해 독자들이 '태권도 기술의 의미'를 깨닫고, '기술 향상을 위한 훈련법 개발'에 영감을 받으며, '기본기술의 다양한 활용 방법'을 탐구하는 데 기여할 수 있기를 바란다. 태권도를 사랑하는 이들이 이 책을 통해 태권도에 대한 이해를 넓히고, 더욱 깊이 있는 수련을 통해 성장하는 기회를 얻기를 기대한다.

CONTENTS

목 차

용어의 정의

I 태권도의 기술체계와 기본동작

1. 태권도 단위동작 ································ 11
2. 태권도 기술의 체계 ······························ 13
3. 태권도 사용부위 ································ 16
4. 태권도 목표부위 ································ 18
5. 태권도 기술명(품이름)의 표기법 ···················· 20
6. 태권도 기본동작의 정의 ··························· 22
7. 태권도 필수동작의 정의 ··························· 24

II 태권도 사용부위

1. 상지 ·· 29
   1) 손 ··· 29
   2) 주먹 ··· 34
   3) 팔목 ··· 37
   4) 팔꿈치 ······································· 40
2. 하지 ·· 41
   1) 발 ··· 41
   2) 다리 ··· 45

Ⅲ 태권도 필수동작의 이해

1. 인체의 기준선과 기술의 방향 ··· 48

    1) 세로 기준선 ··· 50

    2) 가로 기준선 ··· 50

2. 대표 단위동작 ·· 55

    1) 서기 ·· 55

        (1) 모아서기 ··· 56

        (2) 좌우 넓혀서기 ·· 59

        (3) 앞뒤 넓혀서기 ·· 65

        (4) 한 다리로 서기 ··· 71

    2) 공방기술 ··· 73

        (1) 상지기술 ··· 74

            (1-1) 주먹지르기 ·· 77

            (1-2) 안막기 ··· 79

            (1-3) 바깥막기 ··· 82

        (3) 하지기술 ··· 86

            (2-1) 앞차기 ··· 88

            (2-2) 돌려차기 ··· 94

            (2-3) 옆차기 ··· 101

참고문헌 ·· 115

용어의 정의

태권도 단위동작

태권도 단위동작은 태권도 기술동작으로 규정되는 최소단위의 동작법을 의미하며 서기(자세), 사용부위, 공방기술로 나눈다. 공방기술은 상지기술과 하지기술로 구성된다.

태권도 기술의 구성

태권도의 기술을 구성하는 요소는 크게 단위동작, 목표부위, 특수동작으로 구분할 수 있다. 특수동작은 단위동작에 해당되지 않는 태권도 동작을 의미한다.

태권도 기술의 체계

태권도 기술은 세 가지 단위동작(서기, 사용부위, 공방기술)과 목표부위를 정해진 순서대로 조합함으로써 체계를 갖추게 되며, 이러한 체계에 따라 조합된 기술동작을 '품이름'이라고 부른다. 2010년 이후 국기원에서 개정된 품이름은 [서기]-[목표부위]-[사용부위]-[공방기술]의 순서로 정해진다.

태권도 기본동작

태권도 기본동작은 '목표부위'와 '단위동작'을 조합하여 만들 수 있는 모든 태권도 동작을 의미한다.

태권도 필수동작

태권도 필수동작은 '목표부위'와 '대표 단위동작'을 조합하여 만든 모든 태권도 동작을 의미한다. 여기서 '대표 단위동작'은 태권도 동작의 유형에 따라 구분된 기술 중 가장 높은 빈도로 수행되며 대표성을 가지는 동작을 의미한다.

태권도 사용부위

태권도 사용부위는 태권도 기술의 목적을 실현하기 위해 도구적으로 사용하는 신체부위(주먹, 손, 발 등)를 말한다.

태권도 목표부위

태권도 목표부위는 크게 '얼굴', '몸통', '아래'로 나누며 태권도 기술을 적용하는 대상의 신체부위(대부분 급소)를 말한다.

I 태권도의 기술체계와 기본동작

"

본 장은 태권도 단위동작의 개념을 소개함으로써 태권도의 기본동작과 기술체계를 명확하게 정리하여 '태권도의 기술'을 이해할 수 있도록 돕는다. 이를 통하여 '품새의 의미', '기술 향상을 위한 훈련법 개발' 그리고 '기본기술의 다양한 활용방법' 등 다양하며 심도 있는 내용을 체계적으로 확장할 수 있도록 한다.

"

1. 태권도 단위동작

태권도 단위동작은 태권도의 기술동작으로 규정되는 최소단위의 동작법을 의미한다. 즉, 태권도 단위동작은 태권도의 기술을 구성하는 가장 기본적인 요소가 되고 각각의 단위동작들은 정해진 규칙에 따라 조합되어 태권도의 기본동작을 완성하게 된다. 태권도의 단위동작을 명확히 알고 이를 조합하는 원리를 알면 태권도 전체를 이루는 기술체계를 이해할 수 있다. 여기서 태권도 동작은 태권도의 기술을 수행하는 것을 의미하므로 '태권도 동작'과 '태권도 기술'은 같은 의미로 사용될 수 있다.

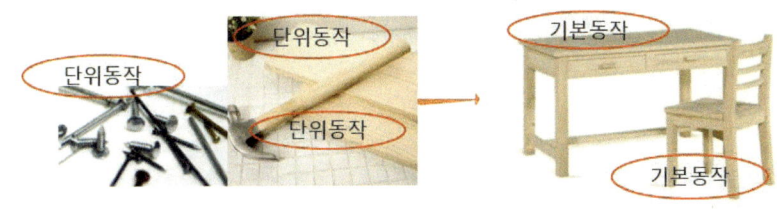

그림 1-1. 단위동작의 개념묘사

태권도 단위동작을 설명하기 위해 〈그림 1-1〉에서는 질 좋은 재료(못과 나무)와 도구(망치)로 작품(책상과 의자)을 만드는 것을 비유하고 있다. 여기서 하나의 의자, 하나의 책상을 태권도의 기본동작으로 간주한다면 재료와 도구는 태권도의 단위동작이 된다. 흡사 재료와 도구를 이용하여 작품이 만들어지는 것과 같이 태권도 단위동작들의 조화로운 결합으로 기본동작이 체계를 갖추게 된다.

즉, 주먹지르기, 막기, 차기, 서기 등의 태권도 동작 중 '주먹', '안막기', '앞굽이'와 같이 단 하나의 동작법으로서 더 이상 나눠지지 않는 최소단위의 태권도 동작이 태권도 단위동작이다.

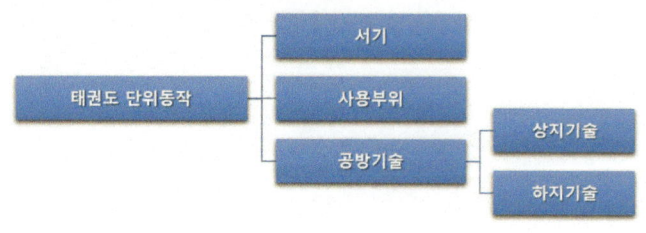

그림 1-2. 태권도 단위동작의 구성

　이와 같은 태권도 단위동작은 서기(자세), 사용부위, 공방기술로 나뉘며, 공방기술은 상지기술과 하지기술로 구분된다.
　예를 들어, 〈그림 1-3〉와 같이 앞굽이 얼굴 등주먹 앞치기와 같은 태권도 기술동작은 '서기'에 해당하는 단위동작인 앞굽이, '사용부위'에 해당하는 단위동작인 등주먹, '공방기술'에 해당하는 단위동작인 앞치기로 조합된다.

그림 1-3. 태권도의 기본동작을 구성하는 단위동작

2. 태권도 기술의 체계

태권도 단위동작을 정의함으로써 태권도 기술의 구성요소는 크게 목표부위, 단위동작, 특수동작으로 구분할 수 있다.

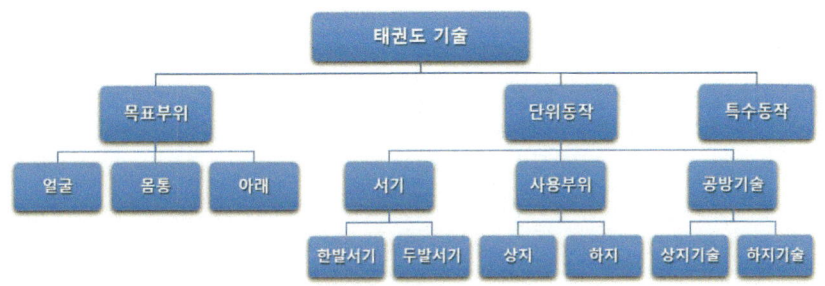

그림 1-4. 태권도 기술의 체계

태권도 기술은 단위동작의 각 요소와 목표부위를 정해진 순서대로 조합하여 이름을 정하는 방법으로 그 체계를 갖추게 된다. 다음은 태권도 기술의 이름(이하 '품이름')을 정하는 방법에 대한 몇 가지 예이다.

> 주먹(사용부위) + 앞으로 지르기(공방기술) = 주먹 지르기
> 바깥팔목(사용부위) + 안으로 막기(공방기술) = 바깥팔목 안막기
> 한 걸음 앞으로 내디딘 서기(서기) = 앞서기

위 태권도 기술의 예에서 '주먹지르기'는 상지의 공격기술인 지르기를 주먹으로 수행한다는 의미를 가진다. 또한 '바깥팔목 안막기'는 상지의 방어기술인 안막기를 바깥팔목으로 수행한다는 것을 나타낸다. 이처럼 공방기술 앞에 사용부위를 조합하여 기술의 속성을

구체화할 수 있다.

국기원은 2010년에 태권도 기술용어집을 발간하며 품이름을 정하는 방법을 개정하여 발표하였고 현재 이 방법이 사용되고 있다. 개정된 품이름의 표기법은 [서기] - [목표부위] - [사용부위] - [공방기술]의 순서이며 기존의 표기법과 차이점은 [사용부위]와 [목표부위]의 순서가 바뀐 것이다.

본 교재는 내용의 이해를 돕기 위해 기존의 표기법과 개정된 표기법을 선택적으로 사용할 수 있음을 밝힌다. 개정된 품이름 표기법의 예는 다음과 같다.

앞굽이 얼굴 등주먹앞치기
범서기 몸통 바탕손안막기
앞서기 아래 무릎앞치기

위의 예들은 태권도의 기술체계에 따라 다음과 같이 구분된다.

서기	목표부위	사용부위	공방기술
앞굽이	얼굴	등주먹	앞차기
범서기	몸통	바탕손	안막기
앞서기	아래	무릎	앞치기

또한 '기술의 모양새', '동작의 방법', '기술의 방향'에 따라 품이름이 결정되기도 한다. 기술의 모양새에 따라 품이름이 결정된 예로

'가위', '금강', '날개', 'ㄷ자', '멍에', '바위', '산틀', '외산틀', '제비품', '쳇다리', '태산', '표적', '황소' 등으로 표현되는 상지기술과 '가위', '곁다리', '반달', '학다리' 등으로 표현되는 하지기술이 있다.

동작의 방법에 의해 표현되는 품이름으로는 '올려', '내려', '돌려', '엎어', '젖혀', '세워', '헤쳐', '거들어', '걸어', '엇걸어', '당겨', '밀어', '걷어', '받아', '눌러' 등의 상지기술과 '걸어', '낚아', '내려', '돌려', '들어', '디뎌', '뛰어', '밀어', '밟아', '뻗어', '제자리', '짓찌어' 등의 하지기술이 있다. 그리고 전신의 동작에 따라 '굴러', '넘어', '돌아', '숙여', '젖혀', '틀어', '비틀어' 등의 표현이 사용된다.

기술의 방향에 따라서는 '앞', '뒤', '바깥', '안', '옆(오른/왼)', '모(오른 앞/오른 뒤/왼 앞/왼 뒤)'가 사용된다.

3. 태권도 사용부위

태권도 사용부위는 태권도 기술의 목적을 실현하기 위해 도구적으로 사용하는 신체부위를 말한다. 태권도 사용부위는 태권도 기술을 체계적으로 세분화될 수 있도록 한다는 점에서 중요한 의미를 가진다. 사용부위로 말미암아 기술이 구분되기도 하며 공방기술의 방법에 따라 사용부위가 결정되기도 한다.

본 교재 2장에서는 공격 또는 방어기술에서 사용할 수 있는 신체부위를 명시적으로 제시함으로써 태권도 사용부위를 설명할 것이다.

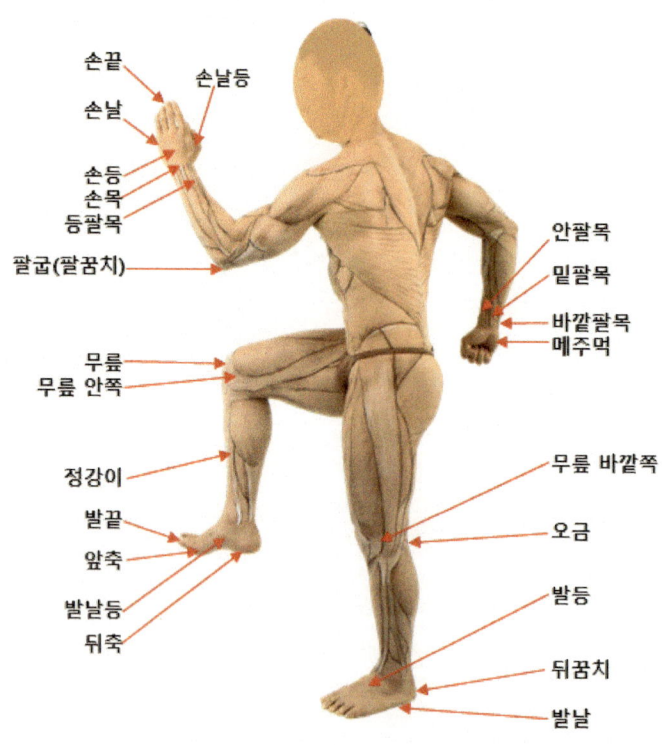

그림 1-5. 대표적인 태권도 사용부위

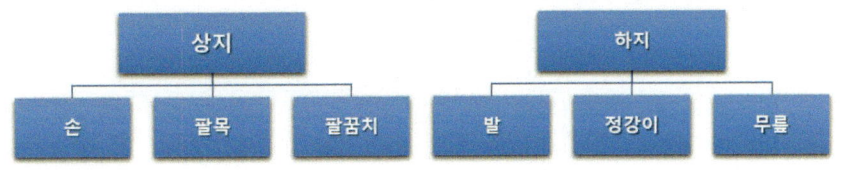

그림 1-6. 상지와 하지의 사용부위 구분

4. 태권도 목표부위

태권도의 목표부위(이하 '목표부위')는 크게 '얼굴', '몸통', '아래'로 나눈다. '얼굴'은 머리끝선[1]부터 어깨선[2] 사이의 모든 신체부위로 정의되며, '몸통'은 어깨선부터 허리선[3] 사이의 몸통과 상지를 포함한 신체부위, '아래'는 하지를 포함한 허리선 아래의 모든 신체부위로 정의된다. 다음 그림은 태권도의 목표부위와 대표적인 급소의 위치를 표시하고 있다.

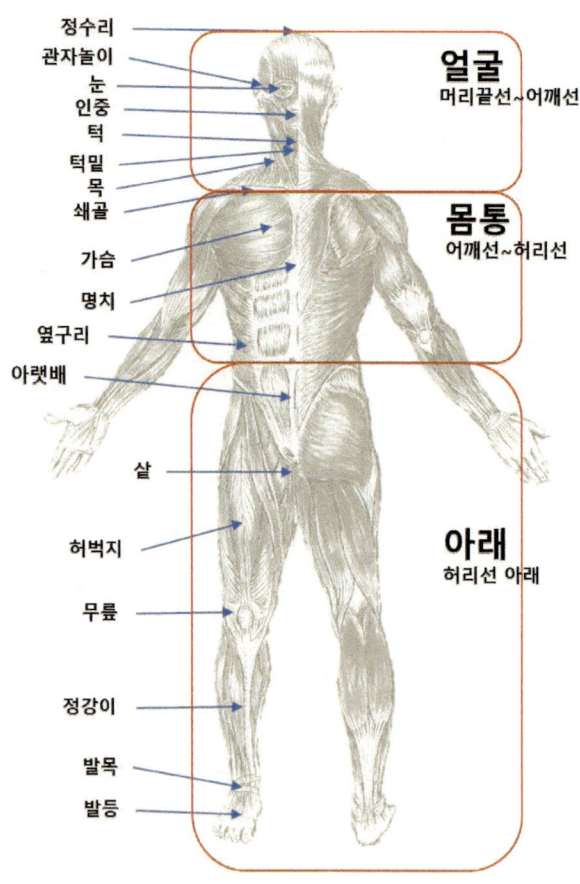

그림 1-7. 태권도 목표부위

---

1) 머리끝선: 가장 높은 머리끝을 지나는 가상의 수평선
2) 어깨선: 양어깨를 지나는 가상의 수평선
3) 허리선: 골반 위를 지나는 가상의 수평선, 띠를 매는 곳

태권도 공격기술은 목표부위를 공격하기 위해 사용되며 일반적으로 각각의 목표부위는 '급소'로 알려진 곳이다. 급소는 조금만 다쳐도 치명적인 급소가 있고 작은 충격에도 움직임이 제한되거나 극심한 통증이 유발되는 급소도 있다. 급소 공격이 성공한다면 공격의 효과는 극대화된다.

방어기술은 내 목표부위로 향하는 상대의 사용부위를 방어하거나 상대의 공격기술을 무력화하기 위해 선제적으로 취하는 방법으로 활용될 수 있다.

5. 태권도 기술명(품이름)의 표기법

본 교재는 품 이름의 한글 표기 및 영문 표기와 관련하여 다음과 같은 문법적 규칙을 따른다.

한글 표기: [서기] ˅ [목표부위] ˅ [사용부위][공방기술]

[서기], [목표부위], [사용부위]의 사이는 띄어 쓰며 [사용부위]와 [공방기술]은 붙여 쓴다. 이때 [서기]와 [사용부위] 앞에 방향을 나타내는 '왼'과 '오른'은 띄어 쓴다. [사용부위] 앞에 '두 손'과 같이 수사 '두'는 띄어 쓰고 '양발'에서처럼 '양'은 붙여 쓴다.

한편, 개정 전의 표기법은 [서기] ˅ [사용부위] ˅ [목표부위][공방기술]로 [서기], [사용부위], [목표부위]의 사이는 띄어 쓰고 [목표부위]와 [공방기술]은 붙여 쓰며 나머지 규칙은 동일하다. 개정 전과 후를 비교한 예는 다음과 같다.

왼 앞굽이 얼굴 오른 등주먹거들어앞치기 (개정 후)
왼 앞굽이 오른 등주먹 얼굴 거들어앞치기 (개정 전)

오른 범서기 몸통 두 솟음주먹젖혀지르기 (개정 후)
오른 범서기 두 솟음주먹 몸통 젖혀지르기 (개정 전)

영문(로마자) 표기: [서기]-[목표부위]-[사용부위]-[공방기술]

[서기], [목표부위], [사용부위], [공방기술] 사이에 구분자로 하이픈(-)을 삽입하여 모두 붙여 쓴다. 방향을 의미하는 '왼'과 '오른' 및 수사 '두'와 '양'도 모두 붙여 쓰되 하이픈으로 구분한다. 구분자 다음 단어는 모두 대문자로 표기한다.

Euin-Apgubi-Eolgul-Oreun-Deungjumeok-Geodeuro-Apchigi
Oreun-Dwitgubi-Momtong-Haechyomakgi

본 교재는 한글 표기와 마찬가지로 영문 표기 시 필요에 따라 개정 전 순서인 [서기]-[사용부위]-[목표부위]-[공방기술]로 표기할 수 있음을 밝힌다.

6. 태권도 기본동작의 정의

태권도 기본동작은 정해진 '목표부위'와 태권도 기술동작의 구성 요소인 '단위동작'을 조합하여 만들 수 있는 모든 태권도 동작을 의미한다. 기본동작을 구성하는 방법은 다음 〈그림 1-8〉의 예와 같다.

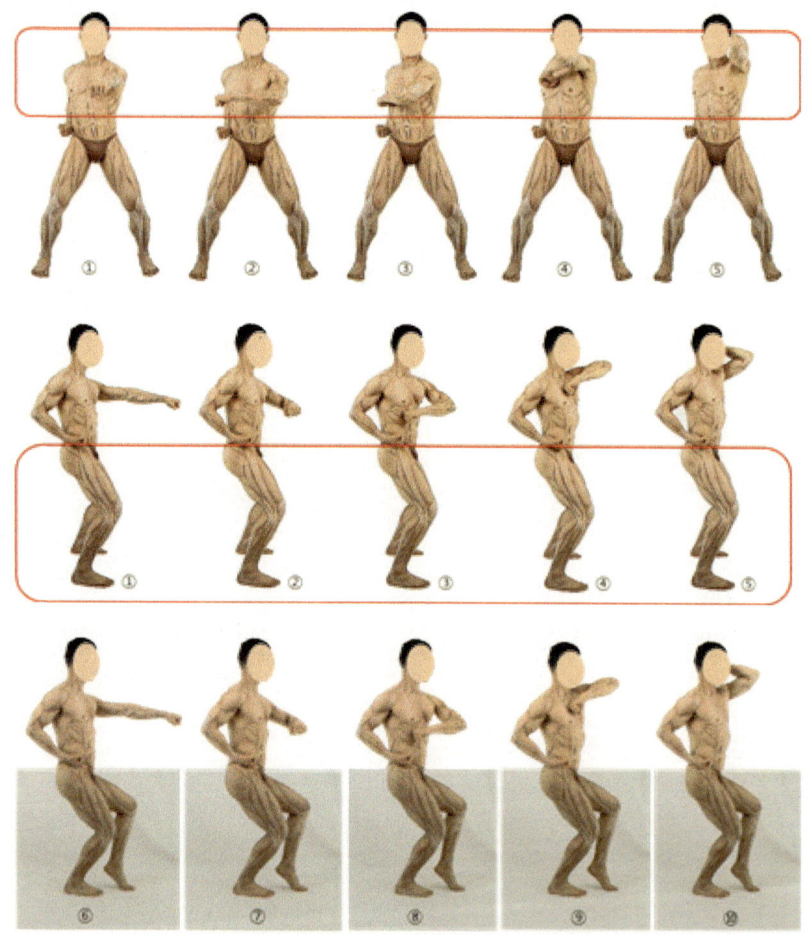

그림 1-8. 서기와 상지기술의 조합

① 주춤서 몸통 주먹지르기, ② 주춤서 몸통 팔꿈치앞치기, ③ 주춤서 몸통 팔꿈치돌려치기, ④ 주춤서 얼굴 팔꿈치돌려치기, ⑤ 주춤서 턱 팔꿈치올려치기, ⑥ 범서기 몸통 주먹지르기, ⑦ 범서기 몸통 팔꿈치앞치기, ⑧ 범서기 몸통 팔꿈치돌려치기, ⑨ 범서기 얼굴 팔꿈치돌려치기, ⑩ 범서기 턱 팔꿈치올려치기

〈그림 1-8〉의 예 ①~⑤는 주춤서기와 함께 주먹지르기, 팔꿈치앞치기, 팔꿈치돌려치기(몸통, 얼굴), 팔꿈치올려치기를 조합한 것이고, ⑥~⑩은 범서기와 함께 주먹지르기, 팔꿈치앞치기, 팔꿈치돌려치기(몸통, 얼굴), 팔꿈치올려치기를 조합한 것이다. 이처럼 기본동작은 서기, 공방기술, 사용부위로 구분되는 각각의 단위동작과 목표부위가 조합됨에 따라 무수히 많은 기술로 파생될 수 있음을 알 수 있다.

한편, 얼굴막기와 지르기를 동시에 수행하는 '금강지르기'나 손날막기와 손날목치기를 동시에 수행하는 '제비품목치기'와 같이 두 개의 단위동작이 동시에 수행되는 기술은 기본동작을 확장하여 활용한 동작으로서 기본동작의 범주를 벗어난다. 마찬가지로 옆차기와 외산틀막기를 조합한 '외산틀옆차기'도 기본동작의 범주에 속하지 않는다.

7. 태권도 필수동작의 정의

태권도 단위기술 중 공방기술은 움직임에 따라 동작의 유형을 운동학적으로 구분할 수 있다. 유형별로 구분된 단위동작 중 각 기술동작의 유형을 대표하는 단위동작을 '대표 단위동작'으로 선정하여 다음의 표와 같이 정리하였다.

구 분		기술동작의 유형	대표 단위동작
서기	두 발 서기	모아서기	모아서기
		좌우로 넓혀서기	나란히서기, 주춤서기
		앞뒤로 넓혀서기	앞서기, 앞굽이, 뒷굽이
	한발 서기	한 다리로 서기	학다리서기
공방	상지기술	동작의 방향: 앞	(주먹)지르기
		동작의 방향: 안	안막기(또는 안치기)
		동작의 방향: 밖	바깥막기(또는 바깥치기)
	하지기술	동작의 방향: 앞	앞차기
		동작의 방향: 안	앞돌려차기
		동작의 방향: 밖	옆차기

표 1-1. 태권도 필수동작의 구성

태권도 필수동작은 위 〈표 1-1〉에서 제시된 '목표부위'와 '대표 단위동작'을 조합하여 만든 모든 태권도 동작을 의미한다.

대표 단위동작은 태권도 동작의 패턴을 운동학적 기준으로 범주화한 후 각 범주에 해당하는 동작 중 품새에서 가장 높은 빈도로 수행되는 단위동작으로 선정하였다. 대표 단위동작을 완벽하게 숙지하고 이를 조합하여 태권도의 필수동작들을 자유롭게 만들어내는 훈련을 통해서 태권도 기술체계의 원리를 이해하면 태권도의 다양한 기술 동작을 쉽게 체득할 수 있게 될 것이다.

II

태권도 사용부위

태권도 사용부위(이하 '사용부위')는 공격이나 방어를 위한 태권도 기술의 목적을 실현하기 위해 도구적으로 사용하는 신체부위를 말한다.

사용부위를 선택하기 위해서는 태권도 기술의 동작 방법과 그 목적을 정확하게 이해하는 것이 무엇보다 중요하다. 같은 맥락에서, 도구의 특성에 따라서 도구를 다루는 특별한 기술이 적용되듯이 사용부위에 적합한 태권도 공방기술을 수행할 수 있어야 한다. 사용부위는 태권도 기술을 완성 시키는 핵심적인 요소인 동시에 태권도 기술 자체로서 중요한 가치를 지닌다.

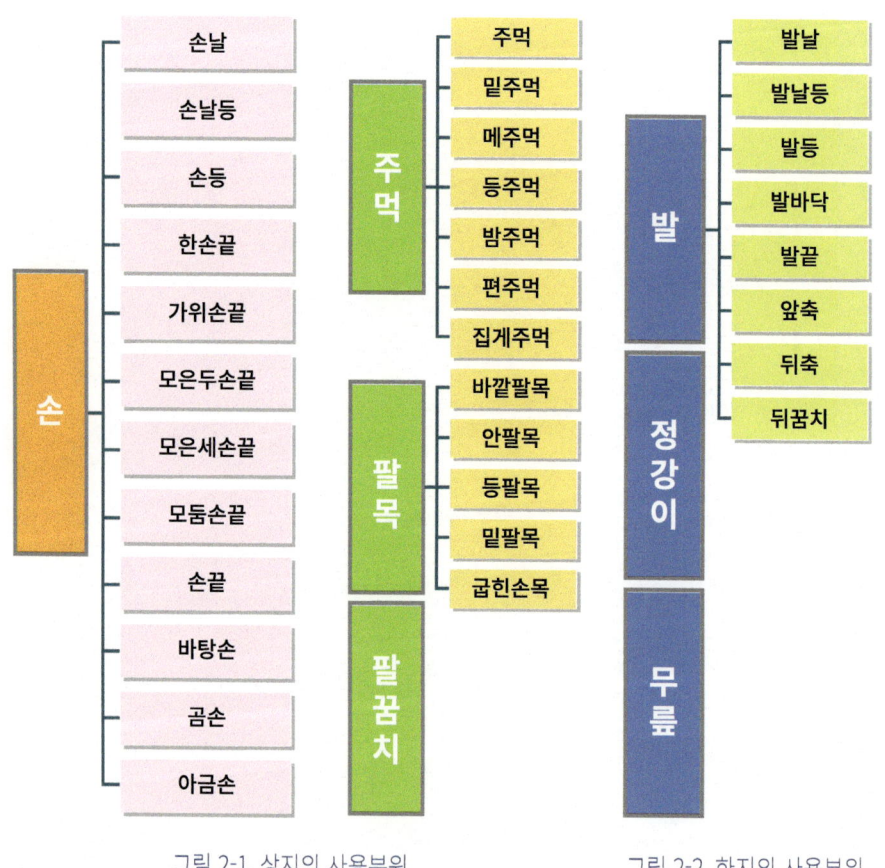

그림 2-1. 상지의 사용부위   그림 2-2. 하지의 사용부위

1. 상지

1) 손

태권도에서 손을 사용한다는 것은 다음과 같은 의미를 포함한다.

- 손가락을 비롯한 손의 다양한 부위를 사용하는 것
- 손과 손목, 팔목을 함께 사용하여 상대를 잡는 것
- 손으로 상대의 공격을 쳐내는 것

단련된 손은 타격, 잡기, 찌르기와 밀기 등 다양한 기술 동작에 활용된다.

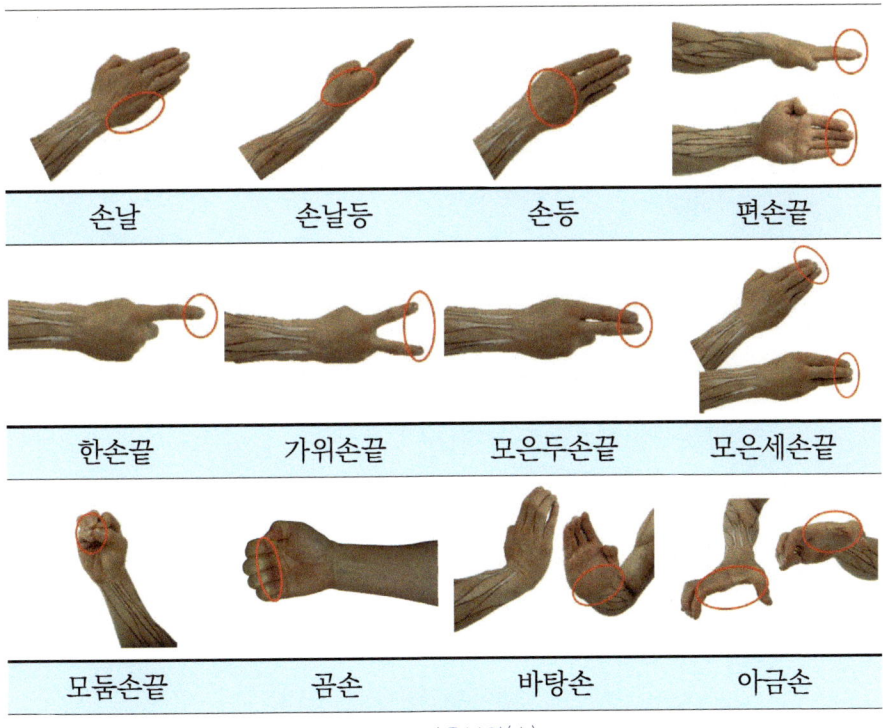

표 2-1. 사용부위(손)

① 손날: 펴고 가지런히 모은 손을 칼에 비유해 보면 칼날은 새끼손가락 쪽의 바깥 부분이 된다. 손에서 이 부위를 손날이라 칭하고 손목부터 새끼손가락이 시작하는 첫 번째 관절(중수지절관절)까지를 주요 부위로 한다.

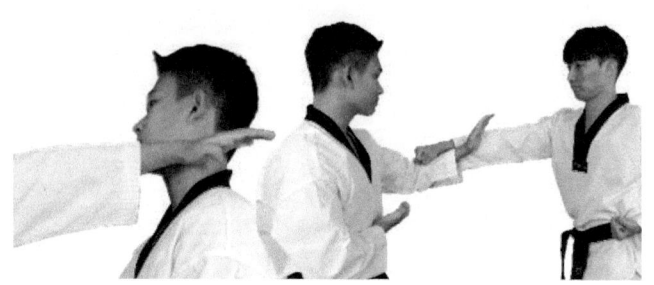

그림 2-3. 손날 사용 예

② 손날등: 손날등은 손날의 등쪽(dorsal part)으로, 엄지 손가락을 손바닥 쪽으로 접은 상태에서 손목의 안쪽부터 집게손가락이 시작하는 첫 번째 관절(중수지절관절)에 이르는 부위이다. 둔탁한 타격을 하거나 상대의 공격을 받아내는 등 다양하게 응용하여 사용된다.
③ 손등: 손등은 손을 자연스럽게 편 상태에서 손가락을 제외한 손등 부위를 의미한다. 둔탁한 타격을 하거나 상대의 공격을 받아내는 등에 사용된다.
④ 편손끝: 손가락을 펴고 나란히 모은 손끝을 편손끝이라 한다. 예리한 찌르기 시 사용된다.

그림 2-4. 편손끝 사용 예

⑤ 가위손끝: 가위손끝은 집게손가락과 가운뎃손가락만 펴고 가위처럼 벌린 두 손가락의 끝을 말한다. 눈과 같은 목표를 예리하게 찌를 때 사용한다.

그림 2-5. 가위손끝 사용 예

⑥ 한손끝: 한손끝은 집게손가락 하나만 편 손끝이다. 민첩하고 섬세한 찌르기 공격에 사용한다.

그림 2-6. 한손끝 사용 예

⑦ 모은두손끝: 모은두손끝은 집게손가락과 가운뎃손가락을 함께 모은 손끝이다. 섬세하고 예리하지만 한손끝보다는 강한 찌르기 공격에 사용한다.

⑧ 모은세손끝: 모은세손끝은 집게손가락과 가운뎃손가락, 그리고 약손가락을 모은 손끝이다. 한손끝이나 모은두손 끝보다 강하고 짧은 공격으로 치기나 찍기 등의 공격에 사용한다.

⑨ 모둠손끝: 모둠손끝은 다섯 손가락을 모두 모은 손끝으로 모은 세 손끝보다 더 강하면서 짧은 공격으로 치기나 찍기 등의 공격에 사용한다.

⑩ 곰손: 곰손은 엄지를 제외한 네 손가락의 먼 쪽 관절(원위지절관절)을 곰의 발 모양으로 한 손이다. 얼굴의 정면을 치거나 훑어내는 목적으로 사용한다.

그림 2-7. 곰손 사용 예

⑪ 바탕손: 손목을 젖힌 상태에서 손목에 가까운 손바닥 부위를 바탕손이라고 한다. 쳐내기, 밀어내기, 또는 누르기 등에 사용한다.

그림 2-8. 바탕손 사용 예

⑫ 아금손: 아금손은 엄지손가락과 집게손가락 사이의 안쪽 부분이다. 쳐내기, 잡아내며 누르기 등에 사용된다. 아금손은 과거 '칼재비'로 쓰이다가 '아귀손'으로 개명되었고 2010년 이후 다시 '아금손'으로 사용되고 있다.

그림 2-9. 아금손 사용 예

2) 주먹

태권도에서 '주먹'은 사용되는 부위와 그 모양에 따라 그 이름과 사용법이 달라진다.

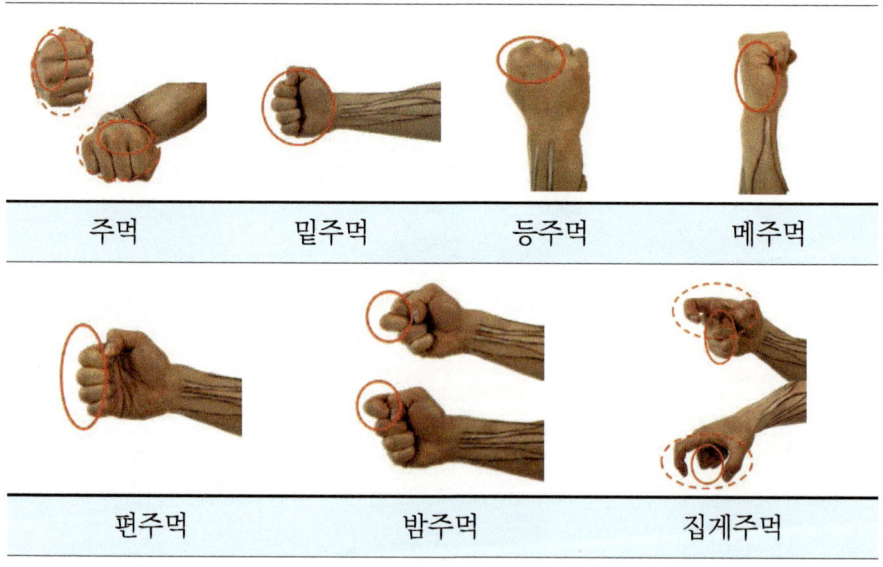

표 2-2. 사용부위(주먹)

① 주먹: 주먹은 다섯 손가락을 전부 말아쥔 상태에서 집게손 가락 과 가운뎃손가락이 시작하는 첫 번째 관절(중수지절 관절의 손

가락 면)을 주요 부위로 한다.

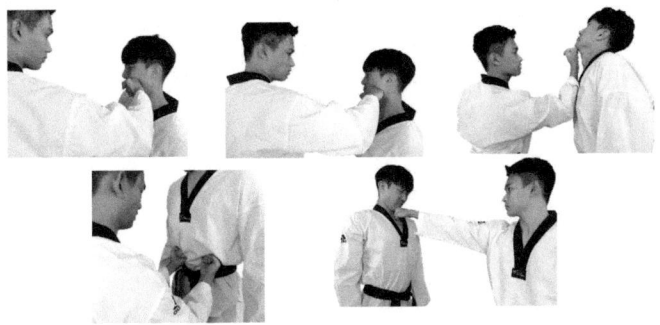

그림 2-10. 주먹 사용 예

② 밑주먹: 밑주먹은 엄지를 제외한 네 손가락의 두 번째 마디와 바탕손을 평평하게 한 주먹이며 치거나 훑기를 목적으로 한다. 생긴 모양이 곰손과 유사하여 혼동하기 쉽다. 타격 면이 평평한 밑주먹과는 달리 곰손은 엄지를 제외한 네 손가락의 먼 쪽 관절(원위지절관절)을 주요부위로 하므로 손바닥 부위가 오목하므로 타격 면이 평평하지 않다.

③ 등주먹: 등주먹은 주먹을 쥔 상태에서 손등 쪽으로 돌출 된 집게손가락과 가운뎃손가락이 시작하는 첫 번째 관절(중수 지절 관절의 손등 면)을 주요 부위로 하며, 주로 치기 기술에 사용한다.

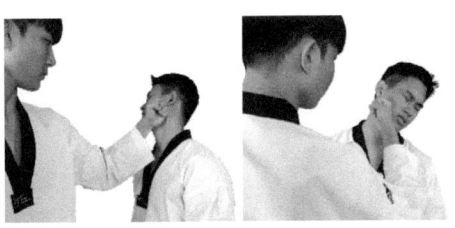

그림 2-11. 등주먹 사용 예

④ 메주먹: 메주먹은 주먹을 쥔 상태에서 새끼손가락 쪽의 두툼한 바깥면을 주요 부위로 하며, 주로 치기 기술에 사용한다.

그림 2-12. 메주먹 사용 예

⑤ 편주먹: 편주먹은 주먹에서 손가락이 시작하는 첫 번째 관절을 적절히 펴고 나머지 관절은 굽힌 주먹이다. 손가락의 두 번째 관절(근위지절관절)을 주요 부위로 하며, 주먹보다 더 예리한 공격을 위해 사용한다.

그림 2-13. 편주먹 사용 예

⑥ 밤주먹: 밤주먹은 주먹을 쥘 때 집게손가락 또는 가운뎃손 가락의 근위지절관절(손가락이 시작하는 두 번째 관절)이 솟아오르게 쥔 주먹이다. 솟아오른 관절 부위를 주요 부위로 하며 치기 등에 사용한다. 한때 국기원은 밤주먹을 한국어식 표기로 '솟음주먹'이라 개명하였지만 2010년 이후 많은 이들에게 익숙한 '밤주먹'으로 다시 개명되었다.

그림 2-14. 밤주먹 사용 예

⑦ 집게주먹: 집게주먹은 그 모양이 '집게'와 닮았다고 하여 명명 되었다. 엄지손가락과 집게손가락을 펴 마치 게의 집게발과 같 이 사용한다. 실제 타격에는 가운뎃손가락의 근위지절관절(손 가락이 시작하는 두 번째 관절)을 사용한다. 집게를 구성하는 엄지손가락과 집게손가락으로 목표부위를 잡고 당기는 등의 활 용이 가능하다.

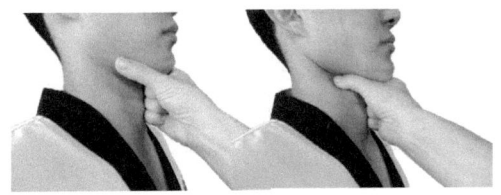

그림 2-15. 집게주먹 사용 예

3) 팔목

팔목은 손목부터 네 손가락으로 감싸 쥐는 너비만큼의 전완 부위 를 말한다. 팔목은 주로 쳐내기, 걷어 내기, 걷어 내며 잡기 등 다른 공격으로 이어가기 위해 사용한다. 그리고 주먹과 손으로 타격을 하 거나 방어기술을 수행할 때 자연스럽게 사용부위를 연장하는 개념 으로 활용할 수 있다.

예를 들어 상대의 얼굴 공격을 손날로 올려 막을 때 손날뿐만 아니라 팔목까지 막기에 사용함으로써 사용부위를 연장한 효과를 가져올 수 있다.

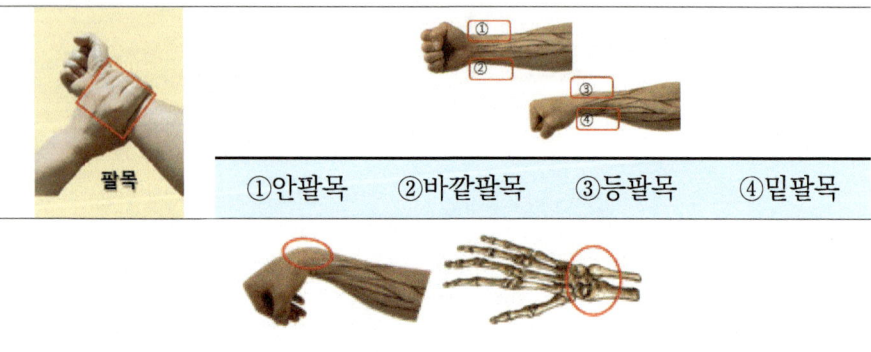

표 2-3. 사용부위(팔목)

① 안팔목 : 안팔목은 팔목의 안쪽(엄지손가락 쪽의 팔목)이다.
② 바깥팔목 : 바깥팔목은 팔목의 바깥쪽(새끼손가락 쪽의 팔목)이다.

그림 2-16. 바깥팔목 사용 예

③ 등팔목 : 등팔목은 손등 쪽의 팔목이다.

그림 2-17. 등팔목 사용 예

④ 밑팔목 : 밑팔목은 손바닥 쪽의 팔목이다.
⑤ 굽힌손목 : 손목을 굽혔을 때 손등 쪽으로 돌출되는 손목관절(수근중수관절) 부위가 굽힌손목이다. 순간 재빠르게 굽혀지는 손목의 탄력으로 가까운 목표를 치거나 상대의 공격을 받아내는 등에 사용할 수 있다.

그림 2-18. 굽힌손목 사용 예

※ 사용부위는 태권도의 주요한 단위기술로서 오래전에 사용하던 기술이 덜 사용되기도 하고, 새로운 기술이 생기기도 한다. 시대적 상황과 흐름에 따라서 새롭게 생기거나 사용법이 변형된 기술에 대해서는 기술 자체에 대한 면밀한 분석과 더불어 활용법에 대한 논의가 늘 필요하다.

4) 팔꿈치

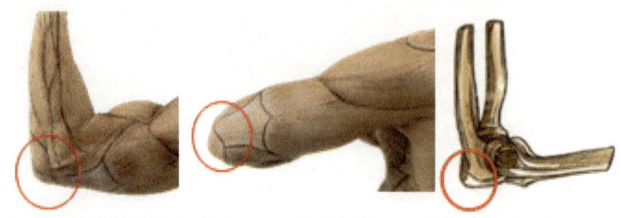

표 2-4. 사용부위(팔꿈치)

① 팔꿈치(팔굽): 팔꿈치는 팔을 굽혔을 때 돌출되는 팔꿈치 관절의 돌기(주두돌기)이다. 올려치기, 안으로 돌려치기, 아래로 내리치기, 앞으로 내치기, 양옆으로 내치기, 뒤로 치기 등에 사용할 수 있다.

그림 2-19. 팔꿈치 사용 예

2. 하지

1) 발

태권도에서 '발'은 발가락 끝에서 발목에 이르는 부위를 의미하며 목표의 위치와 다리의 움직임에 따라 발의 다양한 부위가 사용된다. 특히 발에는 앞축과 뒤축이 있는데, 여기서 축은 '차다(蹴)'의 의미와 '기둥(築)이 되다' 또는 '지지를 한다'는 의미로 사용되며 발바닥의 앞쪽에 있는 축을 앞축, 뒤쪽에 있는 축을 뒤축이라 한다.

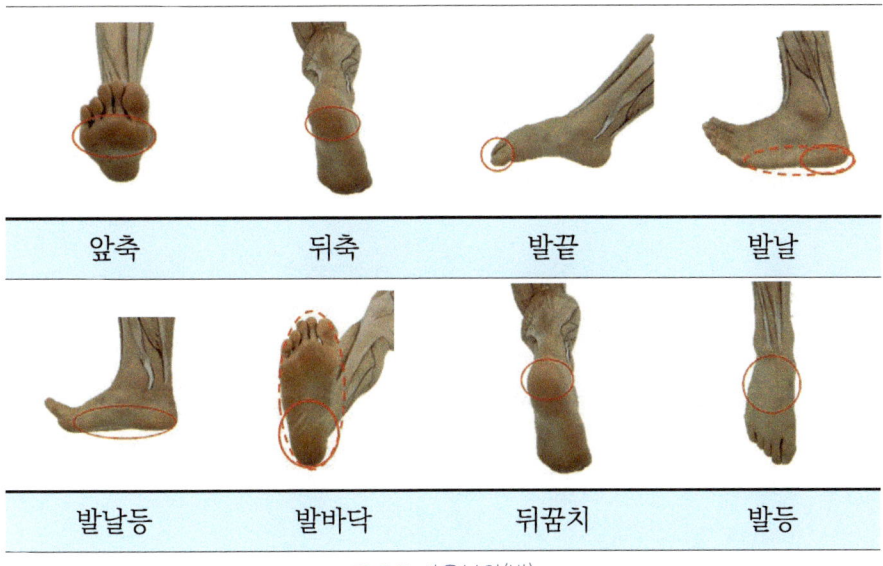

표 2-5. 사용부위(발)

① 앞축: 앞축은 발가락을 발등 쪽으로 젖혔을 때 발가락 쪽에 가까운 발바닥 부위이다. 앞축은 차기를 하거나 회전의 축으로 사용된다.

그림 2-20. 앞축 사용 예(앞차기)

그림 2-21. 앞축 사용 예(돌려차기)

② 뒤축: 뒤축은 뒤꿈치 쪽에 가까운 발바닥 부위이다. 앞축과 마찬가지로 뒤축도 차기를 하거나 회전의 축으로 사용된다.

③ 발끝: 발끝은 발가락의 끝부분이다. 섬세하고 예리한 공격에 사용된다.

④ 발날: 발날은 새끼발가락 쪽 바깥 부분으로 뒤축의 바깥쪽부터 새끼발가락이 시작하는 첫 번째 관절(중족지절관절) 부위까지를 말하며 옆차기 또는 짓찧기, 받아내기 등에 사용된다. 몸 옆으로 밀어 찰 때는 뒤축에 가까운 부분의 발날을 사용한다.

그림 2-22. 발날 사용 예(옆차기)

⑤ 발날등: 발날등은 발날의 등 쪽으로, 발의 안쪽 가장자리를 말한다. 안으로 후려 차거나 받아낼 때 사용된다.

그림 2-23. 발날등 사용 예

⑥ 뒤꿈치: 뒤꿈치는 발의 뒤쪽 모서리 부분으로 치거나 차는 기술 등이나 짓찧을 때 사용된다.

⑦ 발바닥: 발바닥은 발가락을 제외한 발바닥을 의미한다. 앞으로나 옆으로 밀어 차 내거나 바닥에 있는 목표를 짓찧을 때 사용한다.

⑧ 발등: 발등은 발목 아래부터 발가락을 제외한 발등 부위를 말한다. 차기, 받아내기 등에 사용되며 발목과 정강이를 함께 활용하기도 한다.

그림 2-24. 발등 사용 예 (비껴차기)

2) 다리

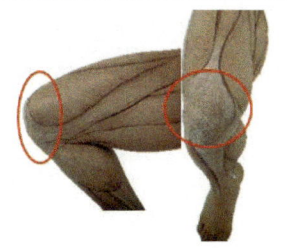 

| 무릎 | 정강이 |

표 2-6. 사용부위(다리)

① 무릎: 무릎은 다리를 굽혔을 때 돌출되는 무릎관절의 앞쪽과 위쪽을 주요 부위로 한다. 발로 차는 것보다 짧은 거리에서 빠르고 강한 타격을 하기 위한 치기 기술에 사용될 수 있다.

② 정강이: 정강이는 발목 위부터 무릎 아래까지 단단하게 촉진되는 경골부위를 의미한다. 정강이는 차기나 막기뿐만 아니라 발등과 함께 사용함으로써 사용부위를 연장한 효과를 가져올 수 있다.

그림 2-25. 무릎 사용 예   그림 2-26. 정강이 사용 예

III 태권도 필수동작의 이해

1. 인체의 기준선과 기술의 방향

태권도 필수동작을 설명하기에 앞서 다음과 같이 태권도 전문 기술에 필요한 인체의 기준선과 기술의 방향을 알아야 한다.

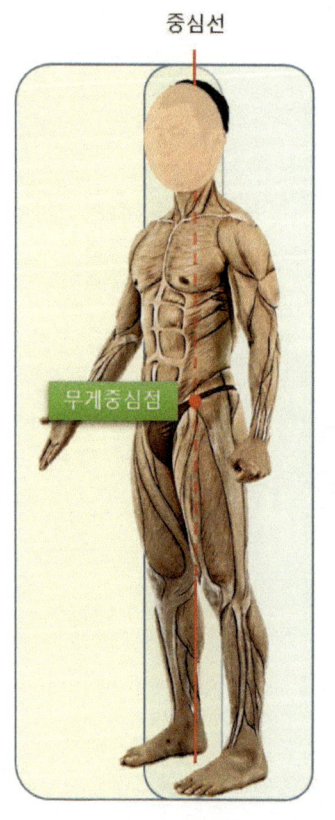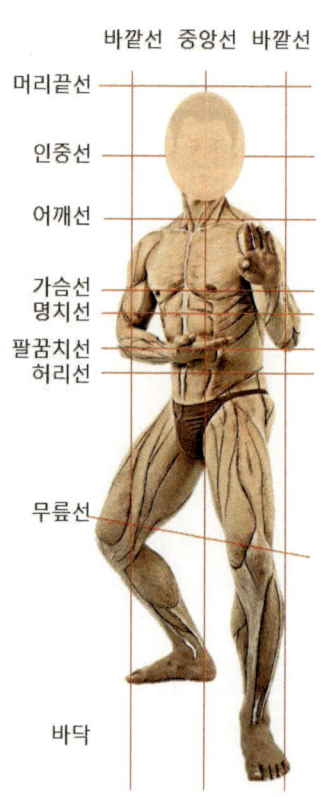

그림 3-1. 태권도의 기준선

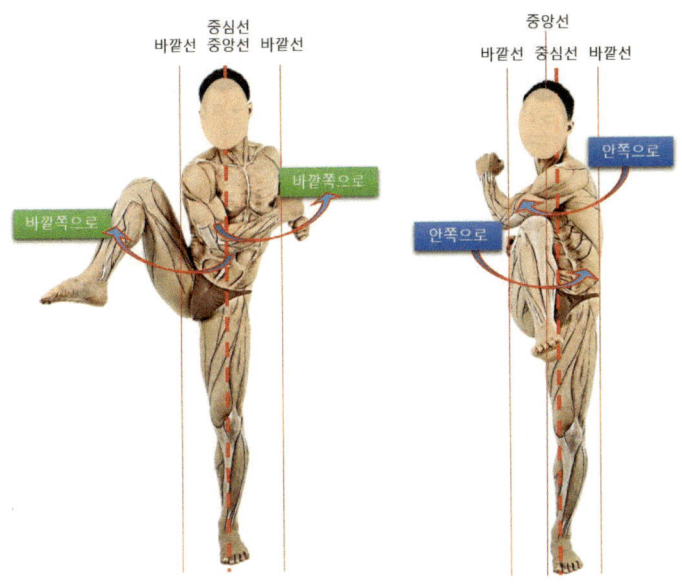

그림 3-2. 기술의 방향(안/밖)

    목표부위로 향하는 기술의 방향은 대표적으로 '아래에서 위로', '위에서 아래로', '안에서 밖으로', '밖에서 안으로', '앞에서 뒤로', '뒤에서 앞으로'로 구분할 수 있다.

    태권도의 기준선은 크게 '세로 기준선'과 '가로 기준선'으로 구분한다. 가로 기준선은 주로 기술의 높낮이를 정할 때 사용되며 세로 기준선은 기술동선의 방향을 표현하거나 동작의 범위를 정할 때 사용된다.

    타격목표를 의미하는 급소의 위치를 말할 때는 가로선으로 높이를 표현하기보다 인중, 명치, 아랫배와 같이 명확한 위치를 표현하여 지시한다. 각 기준선에 대한 자세한 설명은 다음과 같다.

1) 세로 기준선

① 몸바깥선: 몸통 양쪽의 가장자리를 기준으로 수직 아래로 내려지는 가상의 선이다. 몸 바깥 선은 '몸의 끝선'으로도 표현되며, 바깥쪽으로 공격하거나 방어를 할 때 사용부위가 도달하는 위치의 기준이 된다.

② 중앙선(Mid Line): 정면에서 볼 때 인중과 배꼽을 지나며 수직 아래로 내려지는 가상의 선이다. 안쪽으로 수행되는 기술에서는 사용부위가 중앙선까지 이동할 수 있도록 요구되며, 대부분의 공격기술은 중앙선의 위치에서 높이를 정하게 된다.

③ 중심선(Line of Center Of Gravity): 중심선은 신체의 무게중심을 수직으로 지나 지면과 직교하는 선을 말하며, 인체의 균형을 유지하는 균형선이라고도 한다.

2) 가로 기준선

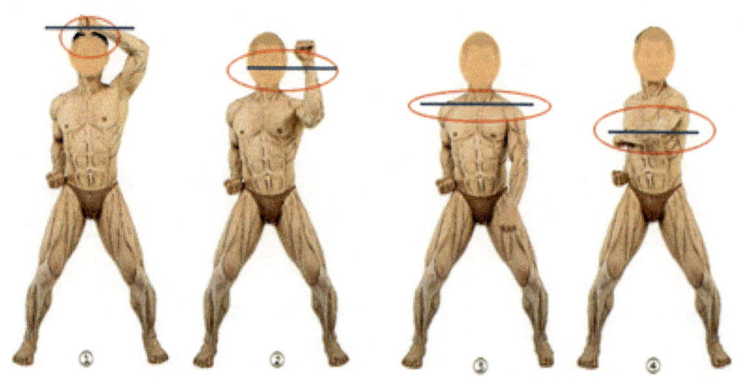

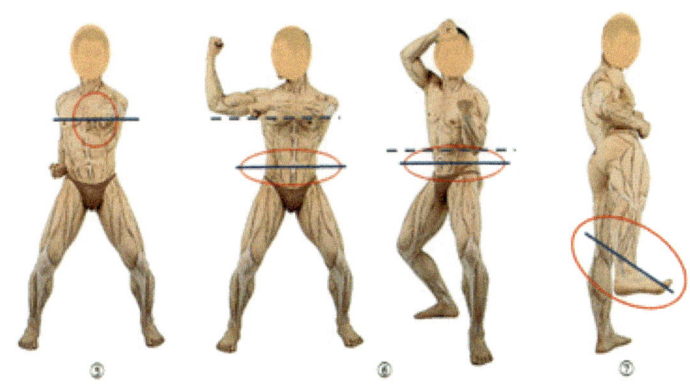

그림 3-3. 태권도 기술의 기준선(가로)

① 머리끝선: 머리끝선은 머리 꼭대기를 수평으로 지나는 가상의 선을 의미한다. 예를 들어 얼굴 올려막기 시 머리끝선으로부터 주먹 하나 정도의 간격을 두고 바깥팔목과 중앙선을 정렬한다.
② 인중선: 인중선은 인중 높이를 수평으로 지나는 가상의 선을 의미한다. 얼굴 바깥막기 시 팔목의 높이를 인중선에 맞춘다.
③ 어깨선: 어깨선은 어깨높이를 수평으로 지나는 가상의 선을 의미한다. 아래 내려막기 시 메주먹 부위를 어깨선까지 올렸다가 아래로 내려 막는다.
④ 가슴선: 가슴선은 양쪽 가슴을 가로지르는 가상의 수평선을 의미한다. 가슴 팔굽(팔꿈치) 돌려치기를 할 때 공격 위치를 가슴선 높이로 한다.
⑤ 명치선: 명치선은 명치 높이를 수평으로 지나는 가상의 선을 의미한다. 몸통의 대표적인 급소가 명치이므로 몸통지르기 시 주먹의 높이를 명치선 높이로 한다.

⑥ 허리선: 허리선은 양쪽 장골능의 위 허리 부분을 수평으로 지나는 가상의 선을 의미한다. 일반적으로 팔을 위로 올리는 기술동작을 할 때 손의 처음 위치를 허리선으로 한다.

⑦ 무릎선: 무릎선은 양쪽 무릎을 지나는 가상의 수평선을 의미한다. 고려 품새에서 거듭옆차기의 첫 번째 발 높이를 무릎선에 맞춘다.

※ 거들기(⑧ ~ ⑩)

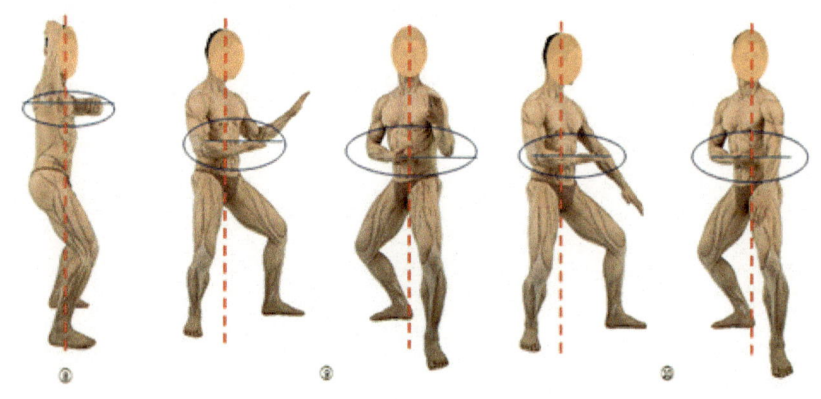

그림 3-4. 거들기 기준선

⑧얼굴 (안팔목)거들어옆막기, ⑨(몸통) 손날 거들어바깥막기 및 ⑩(아래) 손날 거들어내려막기 등의 동작에서는 거드는 손을 일괄적으로 팔꿈치선(가로선) 높이로 하도록 한다. 이때, 명치선(가로선) 높이로 수행하라고 지시하는 바른 동작이 아니다. 거드는 손은 주공격이나 주방어를 하는 팔의 팔꿈치와 비슷한 높이에 맞추면서 주동작의 힘을 더할 수 있도록 보조한다. 거드는 팔은 막거나 공격을 수

행하는 팔을 보조하면서, 거드는 팔의 팔목이 중앙선(세로선) 상에 위치하거나 주기술 동작의 방향을 따라서 중앙선보다 진행 방향 쪽으로 더 가며 위치할 수 있다.

⑧ 거들어 얼굴 (안팔목) 옆막기 동작은 거드는 동작을 하는 과정 중에 아래의 ㉯와 같이 허리선에서 두 손이 자연스럽게 돌쩌귀의 형태가 나타난다〈그림 3-5〉. 막는 팔은 ㉰, ㉱, ㉲와 같이 바깥 방향으로 얼굴 옆막기 형태를 취하고 거드는 손은 올라가는 팔을 밀 듯 거드는 것이며 돌려지르기 형태로 힘을 발휘한다.

※ **특수동작**

〈그림 3-5〉의 ㉯와 같은 돌쩌귀는 같이 공격도 방어도 아닌 동작으로써 움직이는 과정 중에 만들어지는 모양이나 동작의 균형을 잡기 위한 동작으로 활용하는 동작을 특수동작이라 한다.

그림 3-5. 거들어 얼굴 (안팔목) 옆막기

⑨ 거들어 손날 몸통 바깥막기에서 막는 손은 바깥막기 형태이고, 거드는 손은 안막기와 같은 형태의 움직임과 같다. ⑩거들어 손날

내려막기에서 막는 손은 아래로 내려막기를 하며, 거드는 손은 안막기와 같은 형태로 진행 방향에 힘을 보태어 준다.

손날을 사용하는 공격이나 방어는 손날을 이용한 단순한 타격뿐만 아니라 펴져 있는 손가락을 이용한 잡기, 밀기, 꺾기 등의 다른 기술로 바로 연결할 수 있는 장점이 있다. 또한, 거드는 동작은 힘을 거들거나 다양한 기술에서 유연하게 보조를 하거나 2차 공방의 동작으로 응용할 수 있다.

2. 대표 단위동작

1) 서기

서기는 태권도에서 기본이 되는 기술 중 하나로서 두 발이나 한 발로 바닥을 지지하고 서는 자세이다. 서기는 크게 두 다리로 서기와 한 다리로 서기로 분류할 수 있다. 두 다리로 서는 자세는 다리를 넓혀서는 자세와 모아서는 자세로 구분된다.

넓혀서는 자세는 다리를 양 옆으로 넓혀서는 자세와 앞뒤로 넓혀서는 자세로 구분된다. 이때 무릎이 펴진 상태는 '서기'로 칭하고, 무릎을 굽혀 신체중심이 낮아져 있을 때 '낮춰서기'라고 칭한다.

기술구분	동작의 범주(유형)	동작의 특징	대표 단위동작
서기	두 다리로 서기	모아서기	모아서기
		(좌우) 넓혀서기	나란히서기 주춤서기
		(앞뒤) 넓혀서기	앞서기 앞굽이 뒷굽이
	한 다리로 서기	한다리서기	학다리서기

표 3-1. 서기의 대표 단위동작

(1) 모아서기

(1-1) 모아서기

　모아서기는 양 발날등을 마주 붙여선 자세로서 차렷 자세를 취하거나 바른 자세를 점검할 때 활용될 수 있다. 모아서기는 모든 동작을 시작할 때나 품새를 이어가는 중간에 호흡을 가다듬으며 마음과 몸의 흐트러짐을 다잡는 자세로 쓰이기도 하고 특수한 준비 동작에서 쓰이기도 한다.

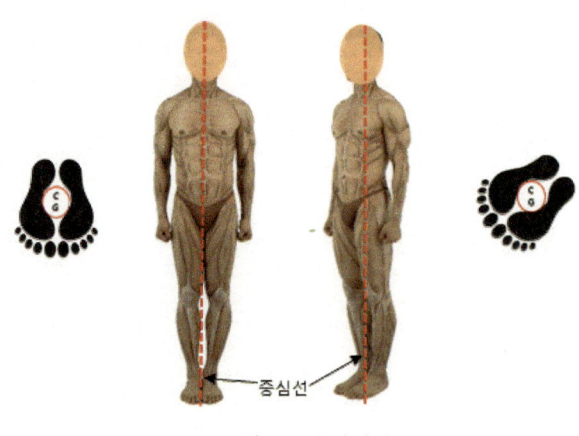

그림 3-6. 모아서기

다음은 모아서기에서 활용되는 몇 가지 기본동작에 대해서 알아보도록 하자.

■ 모아서기 보주먹 준비서기

① 한 다리에 체중을 올리며 다른 쪽의 다리를 당겨 두 발을 모은다.
② 손은 아랫배의 가운데에 모아지게 하면서, 좌우와 앞뒤로의 균형이 맞게 위치하게 한다.

③ 모아서기에서 보주먹을 만들어 아랫배, 가슴, 턱의 높이를 지나서 인중의 높이에 위치한다. 손의 높이에 따라서 코어의 긴장도, 그리고 호흡과 안정감도 달라진다.

그림 3-7. 보주먹 준비서기(태극7장)

품새를 하는 중에서 보주먹 움직임의 느린 동작은 안정과 균형을 유지하거나 호흡을 고르는 동작에 사용하기도 한다.

■ **모아서기 아래 메주먹표적안치기**

그림 3-8. 모아서기 아래 메주먹 표적안치기(고려)

Ⅲ. 태권도 필수동작의 이해. 57

아래 표적치기를 할 때, 모아서기를 수행하면서 숨을 고르는 상태로 다음 동작을 위한 준비를 하게 된다. 두 발을 모아 붙이면서 팔의 움직임이 양쪽으로 균형이 맞도록 수행한다. 팔이 위로 높이 올려질 때 숨을 충분히 들이마시며 팔이 아래로 내려질 때 편하게 숨을 내쉰다. 이러한 호흡의 조절은 팔의 움직임에 의해 자연스럽게 흉곽의 용적이 조절되기 때문이다. 동작 중에 한 호흡으로 동작을 완성하기 힘들 때에는 여러 번의 호흡으로 편하게 이어갈 수 있으며 최대한의 안정을 찾는 움직임이다.

이외에도 모아서기의 자세 위에 상체의 기본인 단위동작들을 조합하여 다양한 기술로 활용할 수 있다.

※ 모아서기에서 발의 안쪽이 서로 맞닿을 때, 다리 안쪽의 근육과 둔부의 근육에 긴장이 느껴지도록 한다.

■ 모아서기 날개펴기 / 모아서기 겹손준비

그림 3-9. 모아서기 날개펴기(천권)

그림 3-10. 모아서기 겹손준비(평원)

(2) 좌우 넓혀서기

좌우 넓혀서기는 두 발을 좌우 방향으로 넓혀선 자세이다. 옆으로 넓혀서는 자세에서 양발 사이의 간격은 발 길이로 단위를 정하고 있다.

(2-1) 나란히서기

나란히서기는 양발을 골반 너비로 나란하게 선 서기 자세이다. 나란히서기는 기본준비서기, 통밀기준비서기 등 주로 준비서기에 사용되거나 다른 상지기술들을 조합할 수도 있다.

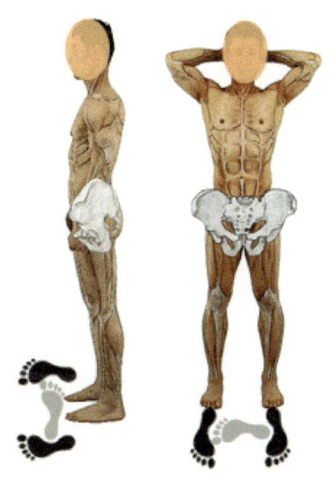

그림 3-11. 나란히서기

나란히서기는 두 발의 끝이 정면을 향한 상태로 발 사이의 간격은 발 하나의 길이 정도로 넓혀서 서는 자세이다. 두 발의 너비는 일반적으로 한 발의 길이 정도로 정해지지만 체격에 따라 골반이나 어깨의 넓이로도 조절하여 자연스럽게 한다. 나란히서기는 무릎이 바르게 펴져 있고 무게중심선이 두 발 사이의 가운데에 위치하여 균형을 유지한다.

※ 옆으로 넓혀서기는 양발을 좌우로 넓혀 선 자세로서 발 사이의 간격을 보통 한발 길이로 한다.

다음 기본준비서기의 예를 통해 태권도 수련 시 나란히서기가 사용된 사례를 살펴보자.

■ 기본준비서기

① 모아서기에서
② 나란히서기로 양발을 골반 너비 정도, 또는 발 사이를 한발 길이로 넓혀 서면서 양손을 아랫배 앞에서 가운뎃손가락이 만날 듯하게 마주한다.
③ 천천히 숨을 들이마시면서 팔에 힘을 주지 않은 상태로,
④ 명치선까지 손을 올리고,
⑤ 양손의 주먹을 말아 쥔다.
⑥ 말아 쥔 손을 자연스럽게 아래로 내리면서 팔은 안쪽으로 회전되고,
⑦ 주먹의 등 쪽이 앞을 향하는 상태로 자연스럽게 아랫배 앞에 위치하게 된다.

그림 3-12. 기본준비서

손을 내리면서 양팔이 아래쪽으로 펴는 과정에서 첫 번째와 두 번째 손가락의 접어진 둘째 마디가 서로 마주하는 모양이 된다. 양 주먹 사이에는 주먹 하나 정도의 간격을 유지하며, 아랫배와 주먹 사이도 주먹 하나 정도의 간격을 유지한다. 이때 나란히 서면서 몸의 중심은 좌우나 앞뒤 어느 쪽으로도 치우치지 않도록 유지한다.

> ※ 준비서기는 호흡을 가다듬으면서 코어의 힘을 균형 있게 유지하고, 다음의 동작을 수행할 수 있는 준비를 하게 된다.
> ※ 팔이 펴지는 과정에서 손에 지나치게 힘을 주거나 억지 호흡을 유도하지 않으며, 호흡의 속도에 맞춰 손이 자연스럽게 내려지게 한다.
> ※ 주먹 하나의 간격을 유지하라는 것은 지나치게 넓게 하거나 지나치게 좁거나 서로 닿게 하지 말라는 의미이다.

※ 옆서기

옆서기는 나란히서기와 비슷하게 발 하나의 길이 정도 간격을 유지한 상태에서 한쪽 발끝을 옆으로 90° 틀어 놓는 자세이다. 왼발의 끝이 왼쪽으로 틀어져 있으면 왼서기, 오른발의 끝이 오른쪽으로 틀어져 있으면 오른서기라고 한다. 옆서기에서도 두 다리의 무릎은 바르게 펴져 있어야 하며, 균형을 유지하기 위해 무게 중심선이 두 발 사이의 가운데에 위치한다.

 다만, 옆서기는 골반과 상체의 방향이 나란히서기와 다르게 자연스럽게 회전된 상태이다. 한 발의 방향이 밖으로 틀어져 직각 형태가 되면서 다리가 외회전되고, 이에 따라 골반과 상체의 방향도 자연스럽게 회전되기 때문이다.

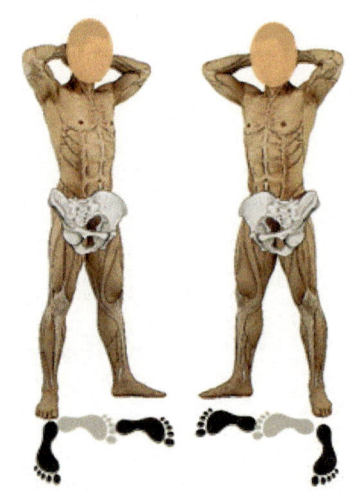

그림 3-13. 옆서기 (좌: 왼서기, 우: 오른서기)

※ 모든 서기 자세에서 무릎의 방향은 발끝의 방향과 같게 한다. 그러나 이것은 무릎과 발끝이 정확히 연직선 상에 위치한다는 의미는 아니다. 무릎과 발끝이 일관된 방향을 유지하는 것이 안정적인 자세로 균형과 안정성을 높이며 부상을 예방하는 데 도움이 된다.

옆서기 사용의 예로 태극5장의 왼서기 메주먹내려치기를 살펴보자.

그림 3-14. 왼서기 메주먹내려치기(태극5장)

① 왼앞굽이 아래(내려)막기에서,
② 오른발은 앞축을 기준으로 오른발의 뒤꿈치를 안으로 회전시키고, 왼발은 오른발과 한 발의 길이 정도의 간격이 되게 당겨 딛는다. 왼팔을 크게 휘두르기 위해 어깨 뼈(견갑골)를 회전시키면서 숨을 들이마신다. 이때 오른팔도 왼팔과 협력하여 몸통과의 간격을 유지하며, 왼팔이 오른팔의 안으로 회전할 수 있게 한다.
③ 오른 주먹을 허리선인 옆구리 쪽으로 빠르게 당기면서 동시에 왼메주먹으로 위에서 내려치기를 한다. 이때 왼주먹의 표적은 일반적으로 정수리나 어깨 위의 쇄골 쪽을 목표로 내려치기를 한다.

(2-2) 주춤서기

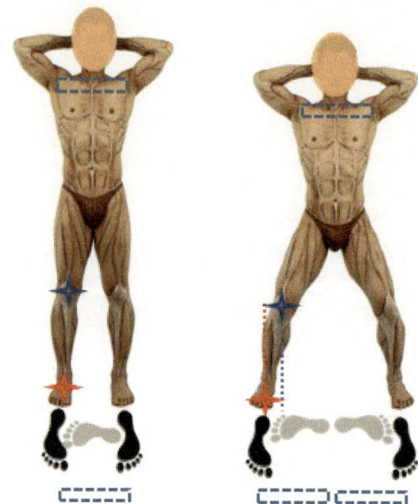

그림 3-15. 나란히서기(좌)와 주춤서기(우)

주춤서기는 발과 발 사이의 간격을 두 발 길이 정도로 넓히며, 이는 나란히 서 있을 때 간격의 두 배로 정한다. 나란히서기를 어깨너비로 했다면, 주춤서기는 어깨너비의 두 배로 한다. 주춤서기의 자세는 이름 그대로 무릎을 지나치게 구부리거나 지나치게 펴지 않고 서는 자세이다. 두 발 사이의 간격을 넓힌 상태에서 무릎을 적절히 구부려 안정성을 높이고, 무릎이 완전히 고정되지 않은 상태를 유지하여 언제든지 더 펴거나 더 구부리며 관절의 탄성을 활용할 수 있도록 한다. 또한, 상체 자세 역시 좌우로 자유롭게 변화할 수 있어 다양한 상지기술을 유연하게 조합하여 수행할 수 있다.

지르기 - 바깥막기 - 올려막기 - 내려막기 - 안치기 - 옆지르기 - 옆막기

그림 3-16. 주춤서기와 다양한 상지기술의 조합

(3) 앞뒤 넓혀서기

앞뒤 넓혀서기는 두 발을 앞뒤 방향으로 넓혀선 자세이다. 앞뒤 넓혀서기는 걸음으로 단위를 정하고 있다. 한 걸음은 앞에 있는 발과 뒤에 있는 발의 간격이 약 한 발 정도의 너비이다.

(3-1) 앞서기

앞서기는 앞뒤로 넓혀 선 자세로 앞과 뒤에 둔 발의 전체 길이를 한 걸음 정도로 한다. 한걸음은 대략 세 발의 길이와 같게 한다. 다리의 길이가 유난히 긴 신체의 경우에는 발 길이의 규정에 집착하기 보다는 다리 길이나 신체의 비율에 적절하게 맞춰서 할 수 있다. 발과 발 사이의 각도(내각)는 뒤에 둔 발끝으로 조절하여 약 30° 이내로 유지되도록 한다. 뒤에 둔 발이 밖으로 틀어져 있기에 골반과 상체도 자연스럽게 틀어지게 되기에 지나치게 정면을 향해 반듯하게 유지하려 하지 않는다.

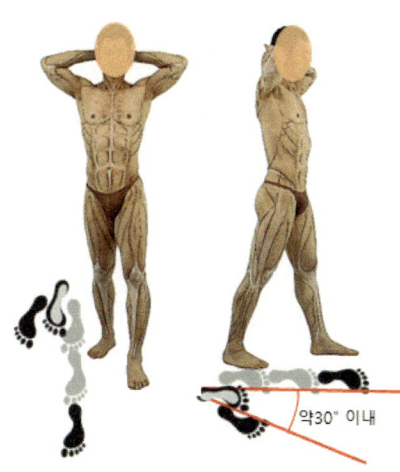

그림 3-17 앞서기(한걸음, 약 세 발 길이)

※ 걸음이라는 단위는 기술을 수행하는 사람의 체형에 맞는 적절한 자세를 유지하기 위함이다. 두 발이 양쪽으로 벌어진 간격도 주먹 하나, 또는 한 발의 너비 정도를 허용한다. 이는 두 발이 너무 좁게 붙어있거나 지나치게 넓은 자세를 취하지 않도록 하는데 그 의미가 있다.

그림 3-18. 앞서기 준비자세

그림 3-19. 오른앞서기 (왼안막기(좌), 왼앞서기 얼굴올려막기(우))

앞서기는 인간의 걸음을 기초로 하여 가장 편하고 익숙한 동작 이다. 앞서기를 딛기와 이동의 기본이 되며 걸음에서 협응하는 팔의 움직임은 자연스럽게 태권도 팔의 기술로 이어진다. 앞서기 자세에서는 빠르게 딛기의 변화를 주거나, 상대방의 공격에 대처하기 위한 자세를 취할 수 있다. 또한, 체중의 분배와 발의 회전을 자유롭게 하기 위한 겨루기 준비 자세로 활용된다.

(3-2) 앞굽이

앞굽이는 두 발이 앞과 뒤로 넓혀져 있으면서 앞에 둔 발과 뒤에 둔 발의 전체 길이가 한걸음 반이다. 앞뒤로 서는 방법에서는 걸음을 단위로 하기에 앞굽이의 전체 길이는 약 네 발과 반발의 길이 정도가 된다. 발과 발 사이의 각도는 약 30°~45° 정도로 유지되며, 이에 따라 골반과 상체의 자세도 자연스럽게 틀어지게 된다. 앞에 놓인 구부러진 무릎의 방향과 발끝의 방향을 정면을 향하게 하며 무릎이 지나치게 구부러지지 않게 주의한다.

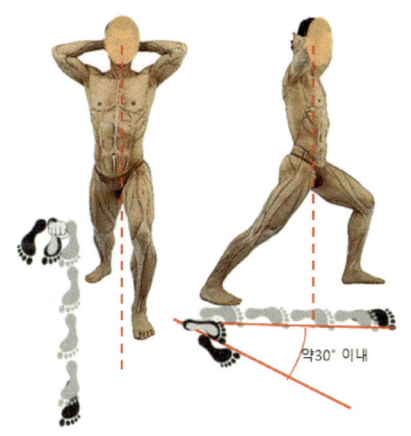

그림 3-20. 앞굽이
(한걸음 반, 약 네발 반 길이)

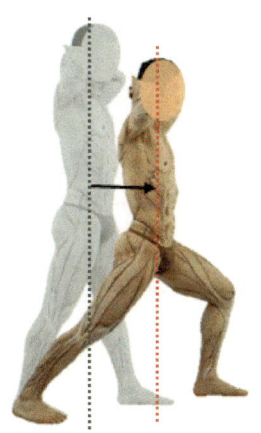

그림 3-21. 중심선의 위치

두 발이 옆으로 넓혀진 사이의 간격도 주먹 하나, 또는 한 발 너비 정도를 허용한다.

그림 3-22. 앞굽이 아래막기(좌), 앞굽이 제비품안치기(중), 앞굽이 오른지르기(우)

앞굽이는 전방으로 급격히 체중을 이동하며 수행되기 때문에 전진하는 기술에서 더 큰 힘을 발휘할 수 있다. 앞굽이를 할 때 인체 중심선은 기저면에서 앞쪽으로 약 2/3 지점에 위치하도록 조절되며, 이로 인해 앞에 구부러진 다리의 근육이 더 많이 긴장하게 된다. 다만, 이는 체중의 2/3가 앞쪽 다리에 분배되어 실린다는 의미가 아니라는 점에 유의해야 한다.

※ 이형동조 동작의 품 이름 표기법(바로지르기와 반대지르기에 대한 설명)

앞에 둔 다리와 같은 쪽의 팔이 움직이는 동작(동형동조)에서는 손동작의 이름에 방향을 표시하지 않는다. 반면, 앞에 둔 다리와 다른 쪽의 팔이 움직이는 동작(이형동조)에서는 동작의 이름에 '왼'과 '오른'을 붙여 동작을 명확히 표기한다.

예를 들어, 왼 앞굽이 자세에서 왼손으로 수행하는 아래내려막기는 '왼 앞굽이 아래내려막기'로 표기하며, 손기술의 방향은 따로 표시하지 않는다.

반면, 왼 앞굽이에서 오른손으로 수행하는 몸통지르기는 '왼 앞굽이 오른 몸통지르기'로 명명하며, '바로지르기'(또는 '반대지르기')와 같은 표현은 사용하지 않는다.

다만, 제비품안치기와 같은 동작의 경우 주기술인 손날 안치기가 이형동조 동작으로 이루어지더라도 방향을 나타내는 '왼'과 '오른'을 붙이지 않는다. 즉, 손날로 얼굴막기 동작 없이 왼 앞굽이에서 오른 손날로 안치기를 수행하는 경우, 이형동조 동작으로 분류되며 '비틀어안치기'와 같이 표현할 수 있다.

이와 관련된 좋은 예로 태극 6장에서 왼 앞굽이 자세에서 오른 손날로 얼굴바깥막기를 수행하는 동작을 들 수 있다. 이 동작은 '얼굴 손날 비틀어바깥막기'로 명명된다.

(3-3) 뒷굽이

뒷굽이는 두 발 앞뒤의 간격을 두고 넓힌 서기 자세로, 앞에 둔 발과 뒤에 둔 발의 전체 길이는 앞서기와 비슷하게 한 걸음 정도이다. 뒷굽이에서 뒤에 둔 발은 발끝이 밖으로 틀어져 있는 상태로 발과 발 사이의 각도(내각)는 90°를 유지하며, 이로 인해 목표를 향한 골반과 상체, 그리고 얼굴을 포함한 자세가 자연스럽게 틀어진다.

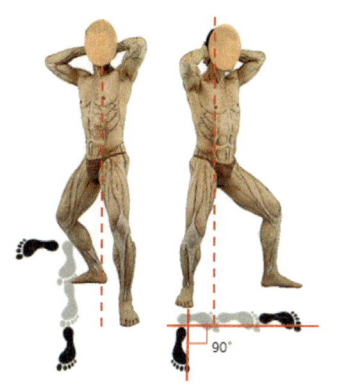

그림 3-23. 뒷굽이
(한걸음/약 세 발길이)

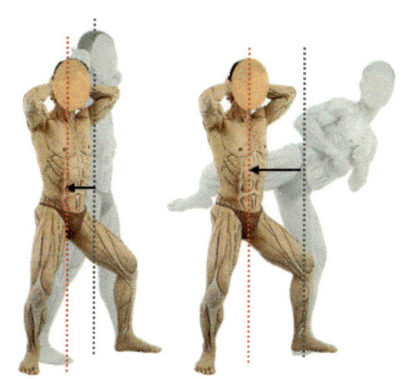

그림 3-24. 중심선의 위치

뒷굽이는 공격을 받아내거나 발차기 후 안정된 자세를 취할 때 자주 사용된다. 안정된 자세를 유지하기 위해서는 앞에 둔 다리와 뒤에 둔 다리에 체중을 균등하게 분배하지만, 주로 뒤쪽으로 이동할 때 사용되며, 인체 중심선의 위치는 기저면에서 뒤쪽으로 약 2/3 정도에 위치하게 된다.

여기서 중요한 점은 체중이 모두 뒤에 둔 다리에 실리는 것이 아니라는 것이다. 무게중심선과 뒤에 둔 발의 거리가 짧아, 뒤에 있는 다리 근육에 더 많은 긴장이 발생하게 되는 것이다.

그림 3-25.
뒷굽이 거들어아래막기(좌),
뒷굽이 거들어바깥막기(우)

그림 3-26. 뒷굽이 몸통 금강바깥막기

(4) 한 다리로 서기

한 다리로 서는 것은 한쪽 다리에 체중 전체를 실어 바닥을 지탱하는 자세로서 주로 이동 중에 나타난다.

태권도 기술에서는 한쪽 다리로 몸을 지지하면서 손과 발의 기술을 발휘하기 위해 다른 다리를 들어 올릴 때 사용되며, 이동하거나 도약 등의 기술을 수행하기 위해서도 활용된다.

한 다리 서기를 효과적으로 사용하려면 균형과 안정성을 유지하면서 이동을 용이하게 할 수 있는 훈련이 필요하다. 이 자세에서는 하지 관절의 해부학적 특징과 들어 올린 다리로 인해 변화하는 무게중심의 위치에 따라 지지하는 발을 외측으로 틀기도 한다. 또한, 한 다리로 서는 동안 흔들리기 쉬운 지지 다리를 보조하여 안정성을 높이는 역할도 요구된다.

(4-1) 학다리서기

학다리서기는 학(새)이 물가에서 한 다리를 들고 서 있는 모양과 닮았다고 하여 붙여진 이름이다. 올려진 발은 발목과 발가락에 지나치게 힘을 주지 않고 자연스러운 상태를 유지하며, 발날등의 중앙이 지지하는 다리의 무릎 안쪽에 닿도록 한다. 지지하는 다리는 코어와 고관절 근육의 기능이 필수적으로 요구되며, 무릎은 적절히 굽힌 낮은 자세를 유지한다. 또한, 올려진 다리와 지지하는 다리 사이가 벌어지지 않도록 주의해야 한다.

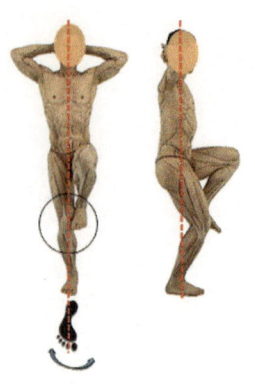

그림 3-27. 학다리서기

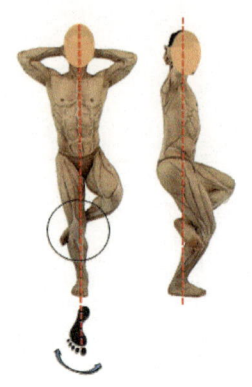

그림 3-28. 오금서기

※ 오금서기

오금서기는 지지하는 다리의 구부러진 무릎 뒤쪽 오금에 올린 발의 발등을 붙이고 선 상태로 오금서기라는 이름이 붙었다. 올려진 다리는 자연스럽게 무릎의 방향을 잡는다.

그림 3-29. 학다리서기 금강막기

그림 3-30. 오금서기 편손끝 거들어찌르기

2) 공방기술

공방기술은 '공격기술'과 '방어기술'을 합성한 단어로 전투와 스포츠에서 상호보완적인 요소로서의 전략과 기술들을 의미한다.

태권도의 움직임은 전문적인 태권도 기술의 영역으로서 정해진 명칭과 정해진 규정에 따라 단위동작(기본)들을 조합하여 정의된 기본동작이 있으며, 상지기술과 하지기술 모두 다음과 같이 정의된 방향에 따라 명명된다.

그림 3-31. 태권도 기술의 방향

※ 공격(Attack)과 방어(Defense)
- 공격은 무술이나 스포츠에서 상대방의 공격에 대한 의지와 행동을 방해하는 것이며 태권도의 기술체계가 제시하는 기준에 따른 방법으로 자신의 기술, 힘 또는 전략을 활용하여 도전하는 행동이다.
- 방어는 상대방의 공격을 피하거나 상대방에게 받는 피해를 최소화하는 행위로 자신을 보호하고 안전하게 대처를 하기 위한 기술들을 말한다(출처: 국립국어원).

※ 태권도에서 방어는 상대방의 공격을 피하거나 차단하기 위한 모든 움직임을 의미한다.

태권도의 기술동작을 거듭 반복하는 훈련을 하고 그 훈련의 시간이 누적될수록 균형 감각이 향상되어 무게중심의 이동이 작아지게 된다. 이는 시간이 지날수록 보다 안정적인 자세를 유지하며 발전된 기술을 습득함에 따라 손과 발의 동선이 작아지고, 움직임은 더욱 민첩해지며, 목표에 도달하는 정확도와 속도가 증가하게 한다.

(1) 상지기술

상지기술은 팔과 손으로 공격과 방어를 수행하는 동작을 말한다. 상지기술은 서기와 조합되고 허리의 회전과 견관절(shoulder joint) 및 견갑대(shoulder girdle)의 조화로운 움직임에 의해 수행된다.

상지기술을 이해하기 위해 윗몸통(upper trunk)의 움직임을 이해할 필요가 있다. 윗몸통은 골반의 움직임(중심축 회전)을 시작으로 회전하며 팔을 앞뒤로 흔들거나 안쪽과 바깥쪽으로 휘두르게 한다. 이러한 움직임의 원리는 하지기술에서 골반이 인체의 중심축을 기준으로 회전하여 다리를 움직이는 것에도 동일하게 적용된다.

다음 그림을 통해 상지기술에서 윗몸통의 회전이 얼마나 중요한지 구체적으로 알아보자.

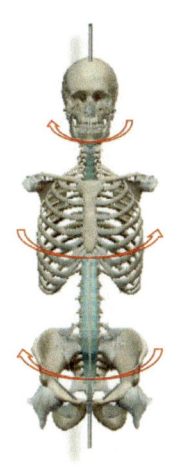
그림 3-32. 인체의 회전 중심축을 기준으로 교차 회전되는 몸체 (회전운동량 보존의 법칙과 토크의 작용-반작용)

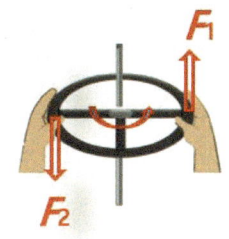
그림 3-33. 힘의 커플링 (회전의 생성)

〈그림 3-32〉는 인체의 중심축에 대한 골반의 회전이 몸통과 머리의 회전에 순차적으로 영향을 미치는 현상을 나타낸다. 각 화살표의 방향을 주의 깊게 보길 바란다. 골반이 회전하면 골반과 인접한 몸통은 그 반대 방향으로 회전하게 되며 몸통과 인접한 머리는 몸통과 반대 방향으로 회전하게 된다. 이것은 회전의자에 앉아 바닥에서 발을 뗀 후 몸통을 돌리면 그 반대 방향으로 의자가 돌아가는 것과 축구공을 찰 때 엉덩이가 뒤쪽으로 빠지는 현상과 같은 원리이다. 회전운동의 물리적 양이 보존되기 때문에 발생되는 이러한 현상은 상지기술에서 팔을 앞으로 밀어(뻗어)내거나 안과 바깥으로 쳐내기(휘둘러내기) 위한 동작의 서두에서 순간적으로 발생한다. 순간적인 이유는 근육이 마치 스프링처럼 작용하기 때문이며 이내 골반의 회전과 같은 방향으로 윗몸통이 따라 회전하게 된다.

윗몸통의 회전속도는 상지기술의 퍼포먼스를 결정하게 된다. 이러한 이유로 인해 상지기술은 두 발이 지면에 밀착되어 있어야 위력을 발휘할 수 있다. 다시 회전의자에 앉아서 지면에 발이 닿도록 하자. 이제는 몸통을 돌려도 회전의자가 반대 방향으로 회전하지 않는다. 즉, 상지기술은 발과 지면의 마찰력을 통해 골반의 회전속도를 통제함으로써 윗몸통의 회전속도를 조절할 수 있다.

〈그림 3-33〉는 축바퀴에 같은 크기의 두 힘($F_1 = F_2$)이 서로 반대 방향으로 작용하면 축에 토크(torque)가 생성됨을 나타낸다. 쉽게 말하면 축에 발생하는 토크로 인해 바퀴가 회전하게 되는데 여기서 같은 크기의 두 힘을 '짝힘(couple force)'이라 하고 토크는 편의상 회전력으로 표현된다(엄밀하게 토크는 '힘'으로 정의되지 않는 물리량이기 때문에 '회전력'이라는 표현이 올바르지 않다).

짝힘을 이용하면 절반의 힘으로 동일한 회전력을 얻을 수 있기 때문에 거의 모든 태권도 상지기술 동작에서 짝힘이 활용된다. 대표적인 예로 주먹지르기를 들 수 있다. 주먹지르기 동작은 골반에서 전달된 윗몸통의 회전력에 지르는 팔과 회수하는 팔이 만들어내는 짝힘으로 인한 회전력이 더해지게 함으로써 더욱 강한 공격력을 갖게 한다.

〈표 3-2〉는 태권도 상지기술의 패턴을 운동학적 기준으로 범주화하여 정리하고 각 범주에 따른 대표 단위동작을 소개하고 있다. 열거된 대표 단위동작은 태권도 품새에서 가장 높은 빈도로 수행되는 동작 중에서 선정하였다.

기술구분	동작의 범주(방향)	대표 단위동작
상지기술	앞으로	주먹지르기
	안으로	안막기
	밖으로	바깥막기

표 3-2. 상지기술의 대표 단위동작

상지기술은 어깨관절과 견갑대의 움직임 및 팔꿈치의 굽힘과 폄으로 동작의 패턴이 정해지고 전완의 엎침과 뒤침, 손목의 다양한 움직임으로 인해 확장되고 정교해진다. 또한, 손기술은 상황에 맞게 다양한 부위를 활용하여 수많은 기술로 활용된다. 다음은 상지기술의 대표적인 단위동작에 대해서 알아본다.

※ 기본동작 훈련 시, 공격이나 방어와 관계없이 기술의 방향에 따른 움직임을 동일한 패턴으로 구분하고, 이를 조합하여 훈련하는 것이 기술 향상에 유리하다.
※ 동일한 패턴의 움직임에서 사용부위를 변화시킴으로써 태권도 기술은 매우 다양하게 확장된다.

(1-1) 주먹지르기

주먹지르기는 사용부위를 주먹으로 하여 팔을 앞으로 뻗어 목표를 가격하는 공격기술이며 기술의 방향이 앞쪽을 향하는 대표 단위동작이다. 주먹지르기 동작에서 나타나는 가장 중요한 신체의 움직임은 어깨관절을 축으로 팔을 앞과 뒤로 흔드는 것이다(몸통의 회전은 앞서 충분히 논하였으므로 여기선 제외한다). 이 같은 동작은 팔을 아래로 내려서 자연스럽게 흔드는 모습으로 이해할 수 있다.

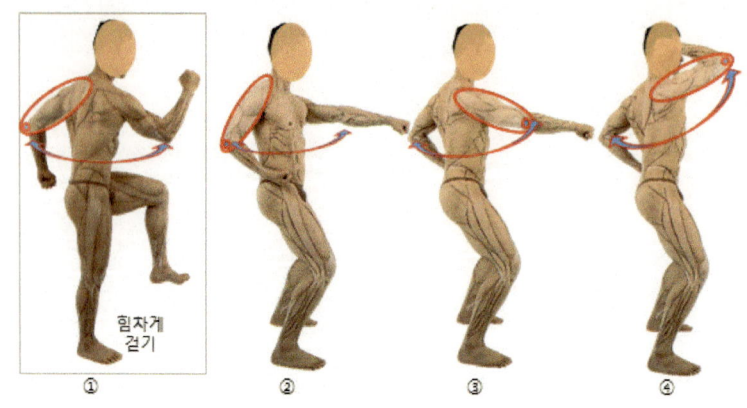

그림 3-34. 힘차게 걷다가 주춤서기 몸통지르기(①~③), 주춤서기 팔꿈치 올려치기(④)

※ 걷기에서 나타나는 허리의 비틀림 동작은 상지기술의 기초를 이루는 데 중요한 역할을 한다. 지르기 동작은 반복되는 어깨관절의 굴곡과 신전, 팔꿈치 관절의 굴곡과 신전을 패턴으로 한다.

① 자연스러운 걷기: 허리의 반복적인 좌우 회전을 기초로 하며, 어깨관절의 굴곡과 신전, 팔꿈치 관절의 굴곡과 신전, 전완의 중립(엎침과 뒤침의 중간)을 볼 수 있다.
② 오른 어깨관절의 신전, 팔꿈치 관절의 굴곡, 전완의 뒤침(회외)
③ 오른 어깨관절의 굴곡, 팔꿈치 관절의 신전, 전완의 엎침(회내)
④ 오른 어깨관절의 굴곡, 팔꿈치 관절의 굴곡, 전완의 중립

〈그림 3-34〉에서 오른쪽 어깨관절의 움직임이 굴곡과 신전을 반복하는 진자운동과 같은 모습을 보인다. 걸음을 옮길 때 허리의 비틀림과 팔과 다리의 교번작용이 협력하여 이루어지는 동작을 생각하면 쉽게 이해할 수 있다.

사용부위가 팔꿈치인 경우에는 어깨와 팔꿈치 관절의 가동각을 조절함으로써 팔꿈치 앞치기, 팔꿈치 올려치기 등이 가능하다.

그림 3-35. 걷다가 주춤서기 몸통지르기

※ 팔과 다리를 교차하며 자연스럽게 걷다가(①, ②) 왼발로 지탱하면서 오른팔을 앞으로 뻗어 균형을 잡는다(③). 이어서 곧바로 주춤서기 자세를 취하고 허리의 회전력에 의해 오른 주먹으로 지르기를 하는 방법이다(④). 허리의 비틀어짐을 자연스럽게 이해하고 몸통의 회전 탄성으로 팔 동작의 속도를 더 할 수 있다.

(1-2) 안막기

안막기는 팔을 안쪽으로 휘둘러 막는 방어기술이며 기술의 방향이 안쪽을 향하는 대표 단위동작이다. 이 기술의 주요한 팔 동작은 안으로 팔을 휘두르는 것이다.

〈그림 3-36〉은 안으로 휘두르는(회선) 팔 동작의 순서를 나타내며 이 동작으로 치기 공격을 수행하면 '안치기'가 된다. 즉, 안막기

와 안치기는 같은 팔 동작의 패턴을 가진다.

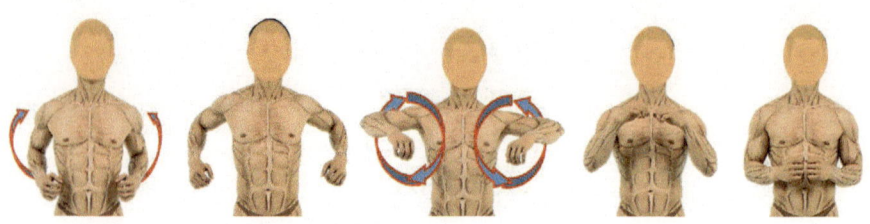

그림 3-36. 팔 안쪽으로 휘두르기
※ 어깨관절의 신전으로부터 시작하여 외전, 굴곡, 내전으로 이어짐

〈그림 3-37〉의 ⑥은 몸통 안막기의 휘두르는 팔 동작을 보여준다. ⓐ는 팔꿈치의 내각이 커지며 전완의 엎침(회내)이 유기적으로 나타나는 예비동작 과정이다. 곧이어 막는 팔은 팔꿈치의 내각을 줄이며(ⓑ) 신속하게 안쪽으로 이동하고, 동시에 아래팔의 뒤침(회외)이 동반되며 기술이 완성된다(ⓒ).

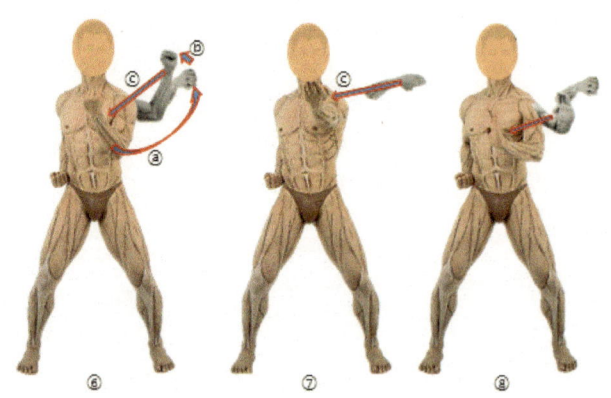

그림 3-37. ⑥ 바깥팔목안막기, ⑦ 손날안치기, ⑧ 바탕손안막기

이와 마찬가지로 ⑦목을 향해 손날안치기,

⑧ 몸통을 향해 바탕손안막기와 같이 같은 패턴의 다양한 동작들을 만들 수 있다. 모두 팔을 안으로 휘두르는 기술이지만 그 목적에 따라 사용부위를 다르게 조합할 수 있다.

그림 3-38. 앞굽이 몸통 바깥팔목안막기의 동작 순서

〈그림 3-38〉은

① 나란히 선 상태에서,

② 왼발을 앞으로 내디디며 균형을 잡기 위해 양팔을 움직이며 팔을 올려 안막기를 준비하고,

③ 왼팔의 전완이 안쪽으로 더 회전(엎침)되었다가, 빠른 동작을 위해 허리 회전축을 기준으로 움직인다.

④ 이 과정에서 겨드랑이와 팔꿈치의 각이 크게 좁아진다.

⑤ 허리의 빠른 움직임을 돕기 위해 어깨와 팔의 근육에 불필요한 힘이 빠진 상태를 유지하며,

⑥ 최종 목표를 향해 전완이 밖으로 회전되면서 바깥팔목으로 목

표물을 막는 동작을 순차적으로 보여준다.

(1-3) 바깥막기

바깥막기는 팔을 바깥쪽으로 휘둘러(회선) 막는 방어기술이며 기술의 방향이 바깥쪽을 향하는 대표 단위동작이다. 이 기술의 주요한 팔 동작은 밖으로 팔을 휘두르는 것이다.

〈그림 3-39〉는 밖으로 휘두르는 팔 동작의 순서를 나타내며 이 동작으로 치기 공격을 수행하면 '바깥치기'가 된다. 즉, 바깥막기와 바깥치기는 동작의 패턴이 같다.

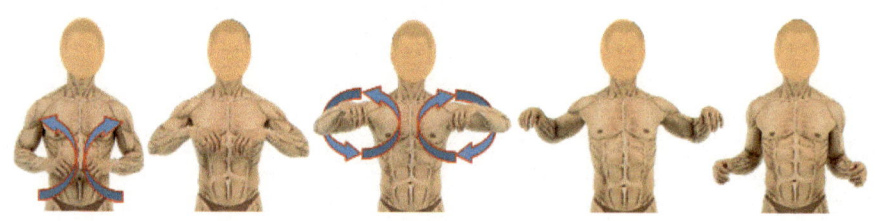

그림 3-39. 팔 바깥쪽으로 휘두르기
※ 어깨관절의 굴곡에서부터 시작하여 외전, 신전, 내전으로 이어짐

양팔을 밖으로 휘두르는 동작의 시작은 양손을 앞쪽으로 내밀듯이 하는 것이다. 양팔을 앞쪽으로 내밀 듯 올려 휘두르면 팔꿈치의 동선이 원을 그리게 된다. 이때, 사용부위에 따라서 전완의 움직임이 달라진다. 그 예를 〈그림 3-40〉에서 볼 수 있다.

그림 3-40. ⓖ 안팔목바깥막기, ⓗ 바깥팔목바깥막기,
ⓘ 얼굴 바깥팔목바깥막기, ⓙ 얼굴(올려)막기

〈그림 3-40〉의 ⓖ(몸통) 안팔목 바깥막기는 전완의 뒤침 동작을 수반하며 바깥 방향으로 휘두르게 된다.

ⓗ (몸통) 바깥팔목바깥막기 또는 (메주먹) 바깥치기는 전완의 엎침 동작을 수반하며 바깥 방향으로 휘두르게 된다. ⓖ에서 동선 ⓐ는 팔꿈치의 내각이 증가하게 되고 동선 ⓑ에서 어깨관절이 몸통과 가까워지고 팔꿈치가 좁아지면서 몸통의 빠른 회전이 일어난다. 안팔목을 사용하는 바깥막기 중 동선 ⓖ-ⓒ에서 손(주먹)이 젖혀지고, 바깥팔목을 사용하는 바깥막기 중 동선 ⓗ-ⓒ에서 손이 엎어진다.

ⓘ 얼굴 바깥막기는 방어목표를 얼굴로 하되 사용부위는 바깥팔목으로 하여 몸통보다 높은 위치인 인중 높이에서 얼굴이 충분히 방어될 수 있도록 밖으로 쳐내는 동작이기 때문에 상완의 휘두름(회선)이 몸통 바깥막기에 비해 더욱 크게 일어난다.

ⓙ 얼굴 올려막기는 방어목표를 얼굴로 하고, 사용부위인 바깥팔목을 자연스럽게 허리선에서부터 시작하여 몸통과 얼굴의 앞

쪽을 지나서 위쪽으로 쳐올려 내는 방법으로 막기동작을 수행한다. 이때, 바깥팔목이 얼굴(인중)의 앞을 지나도록 한다.

위 두 가지 얼굴막기의 동선 ⑦-ⓒ, ⑧-ⓒ 및 ⑨-ⓒ에서 바깥 팔목을 사용하므로 전완은 엎침(회내) 동작으로 마무리된다.

그림 3-41. 주춤서기 얼굴 올려막기의 동작순서

〈그림 3-41〉은 주춤서기 얼굴 올려막기의 과정을 설명한다.

① 주춤서기 자세에서 상체를 바르게 세운 후 팔을 자연스럽게 늘어뜨린 상태에서,

② 왼팔 얼굴 올려막기를 수행하기 위해 양손을 앞쪽으로 밀어내듯 올려 동작을 시작한다. 이때, 양손은 작은 돌쩌귀 모양으로 허리선에서부터 교차가 시작된다.

③ 바깥팔목을 사용하기 위해 왼팔의 전완은 젖혀지고(회외) 막는 순간에 빠르게 엎침(회내) 동작으로 마무리한다. 이때, 동작을 더 빠르게 수행하기 위해 허리를 더욱 비트는 경우 겨드랑이와 팔꿈치의 내각이 커지며 양팔은 더 깊게 교차된다.

④ 사용부위는 허리의 회전에서 유도되는 탄력과 팔꿈치와 겨드랑이의 각을 조절하는 근력이 동시에 일어나면서 전완의 빠른 회전을 동반하며 얼굴 앞을 지나 위로 올려진다.

⑤ 인중을 기준으로 얼굴 전체를 보호할 수 있도록 이마 전면의 위쪽까지 쳐올린다. 이와 같은 방법으로 사용부위를 바꿔가며 다양한 얼굴 올려막기로 응용할 수 있다.

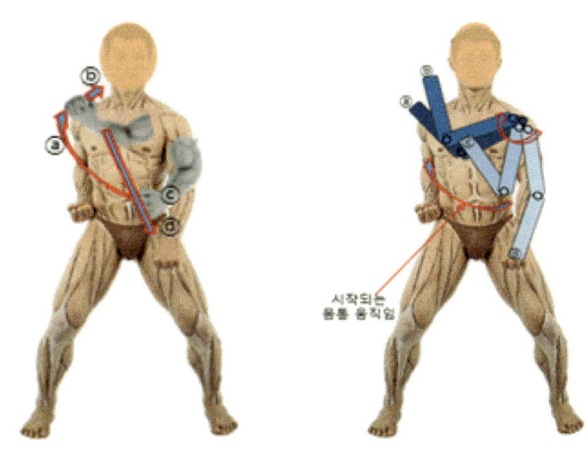

그림 3-42. 아래 (바깥)막기

〈그림 3-42〉는 아래막기(아래 바깥막기)는 (몸통) 바깥막기와 같은 방법으로 수행한다. 몸통 회전을 시작으로 손(주먹)을 반대쪽 어깨높이 정도로 올렸다가 아래로 내리며 아래의 급소들을 막는 동작이다. 아래막기의 목적은 아래로 향한 대부분의 공격을 방어하기 위함이며, 팔을 아래로 누르듯 내려치거나, 또는 내리면서 몸의 바깥쪽으로 내치는 방어기술이다. 이 막기 동작은 ⓐ와 같이 사용부위를 몸통의 앞쪽에서 반대쪽 어깨로 올리는 것으로부터 시작된다. 막는 방향으로 몸통 회전이 시작되면 〈그림 3-32〉 토크의 작용-반작

용에 의해 ⓑ와 같이 사용부위가 자연스럽게 얼굴 가까이로 이동되게 하고 팔꿈치의 사이 각(내각)을 좁아지게 된다. 사용부위를 강하게 내려 동선 ⓒ에 이르면 전완의 속도는 최대로 빨라진다. 이후 ⓓ의 위치로 내려지는 순간에 팔꿈치의 신전과 전완의 엎침 동작을 더욱 빠르게 수행하여 막기 동작을 완성하게 된다.

※ 손과 팔로 수행하는 모든 상지기술은 허리 비틀림에 의한 몸통 회전과 견갑대의 움직임에서 시작된다. 어깨의 위치는 손기술의 속도와 섬세함을 결정짓는 주요 요인이며, 반대쪽 팔의 협력 동작은 기술의 정교함과 기능 향상에 기여한다.

(2) 하지기술

하지기술은 발과 다리로 공격과 방어를 수행하는 동작을 말한다. 하지기술은 주로 한 다리로 서는 자세와 조합되거나 두 발이 모두 바닥에서 떨어진 상태에서 이루어진다. 하지기술은 중심축의 회전과 연계된 골반대(pelvic girdle)의 위치변화에 따라 기술의 방법과 그 방향이 결정된다.

앞서 상지기술에서는 기술의 방향(앞으로, 안으로, 밖으로)에 따라 핵심적으로 활용되고 있는 어깨관절과 견갑대(shoulder girdle)의 복합적인 움직임에 대하여 알아보았다. 본 장에서도 고관절과 골반대의 복합적인 움직임을 기술의 방향에 따라 세 가지 유형으로 구분하여 하지기술의 대표 단위동작을 설명하고자 한다.

현재 태권도 하지기술에서 나타나는 다리의 움직임은 앞으로 밀기(뻗기), 앞으로 (휘둘러) 올리기, 안으로 휘두르기, 밖으로 휘두르기, 밖으로 밀기(뻗기)의 형태로 나타난다.

이를 운동학적 기준에 따라서 휘두르거나 뻗는 형태의 다리동작을 세 방향(앞으로, 안으로, 밖으로)으로 구분하여 〈표 3-3〉과 같이 정리하였다. 각 범주에 따른 대표 단위 동작은 태권도 품새에서 가장 높은 빈도로 수행되는 동작 중에서 선정하였다.

기술구분	동작의 범주(방향)	대표 단위 동작
하지기술	앞으로	앞차기
	안으로	돌려차기
	밖으로	옆차기

표 3-3. 하지기술의 대표 단위 동작

본 교재를 통해 허리를 틀어 윗몸통을 회전시키는 상지기술처럼 하지기술을 수행하기 위해 우선적으로 발생하는 골반의 움직임과 회전력이 하체에 전달되는 과정을 이해하길 바란다. 하지기술의 방향과 동작의 방법을 결정하면 사용부위를 다양화함으로써 확장된 기술들을 수행할 수 있게 수련할 수 있다.

(2-1) 앞차기

앞차기는 발을 앞쪽으로 뻗거나 휘둘러 전방의 목표를 가격하는 공격기술이며 기술의 방향이 앞쪽을 향하는 하지의 대표 단위 동작이다. 앞차기 동작의 핵심은 고관절을 축으로 하여 다리를 앞뒤로 흔드는 것이다. 이 동작은 정도의 차이가 있을 뿐 걸을 때 자연스럽게 발을 바닥에서 들어 올려 앞뒤로 흔드는 모습과 같다고 할 수 있다.

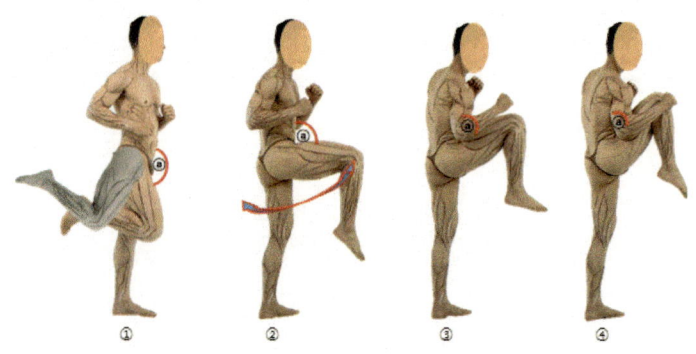

그림 3-43. 다리의 앞뒤 흔들림(고관절의 굴곡과 신전)

〈그림 3-43〉은 다리를 앞뒤로 흔드는 ①부터 ④까지 고관절의 굴곡(굽힘)에 따라서 몸통과 다리 사이의 각도 변화(①-ⓐ, ②-ⓐ, ③-ⓐ, ④-ⓐ)를 나타낸다. 고관절의 각도에 따라 무릎의 높이가 달라지게 되는데 이는 앞차기의 높이를 결정하는 중요한 요인이 된다.

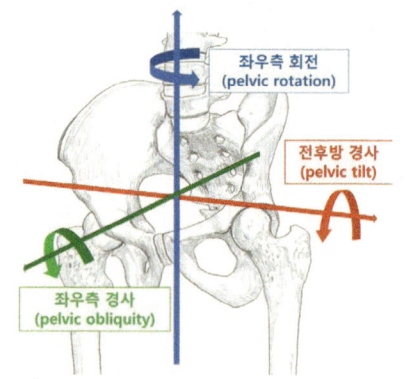

그림 3-44. 골반대의 움직임

〈그림 3-44〉에서 골반대(pelvic girdle)는 다리와 몸통을 연결하고 다리가 원활하게 움직일 수 있도록 좌우측 회전(pelvic rotation), 전후방 경사(pelvic tilt) 및 좌우측 경사(pelvic obliquity)를 설명한다. 본 교재에서 '경사'는 기울임을 의미하며 기울임의 정도를 '기울기'로 기술한다.

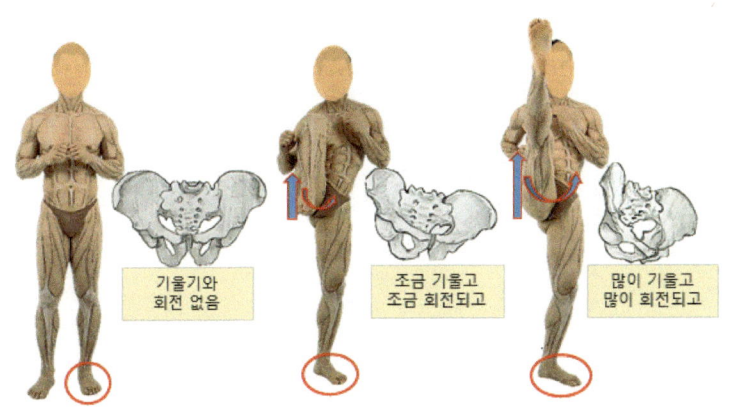

그림 3-45. 앞차기 시 지지하는 다리의 회전과 골반대의 움직임
(좌: 편히 선 자세, 중: 무릎을 앞으로 올린 자세, 우: 앞차기 자세)

〈그림 3-45〉는 두 발로 서 있을 때와 한쪽 다리를 들어 올릴 때 나타나는 골반대의 회전과 기울임의 차이를 나타낸다. 한쪽 다리를 올리는 정도에 따라서도 그 차이가 발생하는 것을 알 수 있다. 정면을 향해 두 발을 나란히 하고 서 있을 때의 골반은 중립자세를 유지하지만 한 다리를 들어 올리는 상태에서는 골반의 회전과 기울어짐이 동시에 나타나게 된다. 이것이 자연스러운 현상이고 이러한 움직임이 없다면 다리를 올릴 수 있는 높이가 상당히 제한적일 수밖에 없다. 다리를 높이 올리거나 빠른 속도로 차기 위해서 골반이 자연스럽게 틀어지고 기울어져야 하므로 지지하는 다리도 적절하게 바

깥쪽으로 틀어져(회전하여) 협응(coordination)한다.

그림 3-46. 앞차기 시 지지하는 다리의 협응

앞차기 준비단계에서 앞차는 다리의 고관절을 굽히기 시작하면, 물리법칙에 따라 동일한 다리의 무릎관절이 반사적으로 굽혀진다(토크의 작용과 반작용). 이때 목표의 높이에 따라 무릎을 들어 올리는 정도가 결정되며, 구부러진 무릎관절이 펴지려는 탄성과 대퇴 근력을 활용하여 앞차기를 수행한다. 이때, 〈그림 3-46〉의 ②와 같이 지지하는 다리는 자연스럽게 바깥쪽으로 틀어지는데, 이는 차는 다리의 무릎을 얼마나 올리는지에 따라 달라진다. 정리하자면 〈그림 3-47〉과 같이, 차는 과정에서 다리를 들어 올릴 때 지지하는 다리의 틀어짐(고관절 외회전)은 올린 다리의 고관절 굽힘과 상호 영향을 주고받으며, 올린 다리의 무릎관절 굽힘 또한 같은 다리의 고관절 굽힘과 협응하여 작용한다.

〈올린 다리〉		〈올린 다리〉		〈지지하는 다리〉
무릎관절 굽힘 정도		고관절 굽힘 정도	↔	고관절 외회전 정도

그림 3-47. 올린 다리와 지지하는 다리 사이의 협응 관계

그림 3-48. 지지하는 다리의 틀어짐과 골반대의 기울기 변화

〈그림 3-48〉은 다리를 들어 올리는 높이에 따라 지지하는 다리의 틀어짐(고관절 외회전)과 골반의 기울기가 변화하는 것을 보여준다.

그림 3-49. 앞차기 시 팔의 협응

또한, 몸통과 팔의 움직임을 활용하여 발차기의 높이와 속도를 조절할 수 있다. 〈그림 3-49〉의 ③~④와 같이 앞차기를 수행하는 과정에서 다리를 들어 올릴 때, 몸통이 뒤로 기울어지거나 팔이 자연스럽게 아래로 내려가는 동작은 신체의 균형을 유지하기 위한 것이다. 즉, 몸통과 팔은 발차기 동작에서 균형추(counter-balance) 역할을 하며, 이 균형추가 신속하게 협응할수록 발차기 능력이 향상된다.

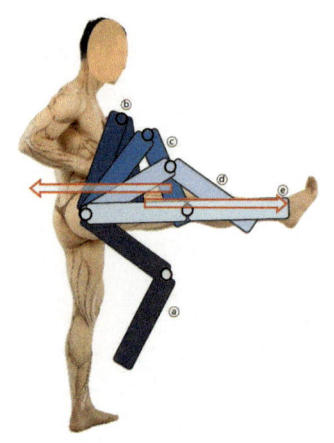

그림 3-50. 뻗어 앞차기의 발차기 패턴

〈그림 3-50〉은 발을 앞으로 내 뻗어 차는 형태의 앞차기에 대한 패턴을 나타낸다. 발차기 패턴에 따라 본 교재에서는 이 형태의 앞차기를 '뻗어 앞차기'로 명명한다. 이 기술은 앞축 또는 발바닥을 사용하여 목표를 밀어내거나 내찰 수 있다. 마치 눌렸던 용수철이 탄성에 의해 튕기며 펴지듯 하지의 모든 관절을 동시에 굽혔다가 펴며 수행한다. 즉, 고관절, 무릎, 발목을 동시에 구부렸다가 펴면서 앞으로 내밀어 차는 방식이다. 이 방법으로 높은 파워와 정확성을 확보

할 수 있다.

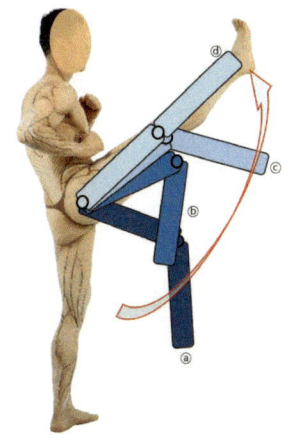
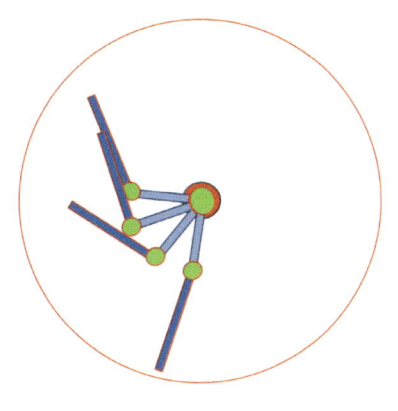

그림 3-51 올려 앞차기의 발차기 패턴   그림 3-52. 휘두름 동작 (swing motion)

〈그림 3-51〉은 발등, 발가락 또는 앞축을 사용하여 다리를 위쪽으로 휘두르며 차는 형태의 앞차기로 본 교재에서는 '올려 앞차기'로 명명한다. 이 기술의 특징은 〈그림 3-52〉와 같이 고관절을 축으로 이루어지는 휘두름 동작(swing)이 대퇴부터 하퇴를 거쳐 발까지 순차적으로 전달되는 과정에서 발의 속도가 빨라지는 데 있다. 이것은 야구에서 타자가 배트를 스윙하는 원리와 같다. 몸통 회전에서 생성된 운동량이 말단까지 전달되는 과정에서 그 양이 보존되기 때문에 상대적으로 가벼운 발의 속도가 빨라지는 보상작용인 것이다. 이 휘두름 동작은 앞차기뿐만 아니라 〈그림 3-54〉와 같이 무릎을 사용하여 앞치기로 활용할 수 있다.

그림 3-53. 뻗어 앞차기(좌)와 올려 앞차기(우) 시 발의 위치변화

그림 3-54. 무릎 앞치기

(2-2) 돌려차기

　돌려차기는 발등이나 앞축을 사용하여 목표를 바깥에서 안으로 휘둘러 차는 공격기술이며, 기술의 방향이 안쪽으로 향하는 하지의 대표 단위 동작이다. 돌려차기는 〈그림 3-55〉의 ②와 같이 차는 다리를 바깥쪽으로 벌리면서 들어 올리고(고관절 굴곡, 수평외전), ③, ④와 같이 무릎의 방향을 안쪽으로 향하게 하여(고관절 내회전) 휘둘러 찬다. 이때, 무릎을 올리는 높이와 무릎이 향하는 방향에 따라 발차기의 높이와 차는 방향이 달라진다.

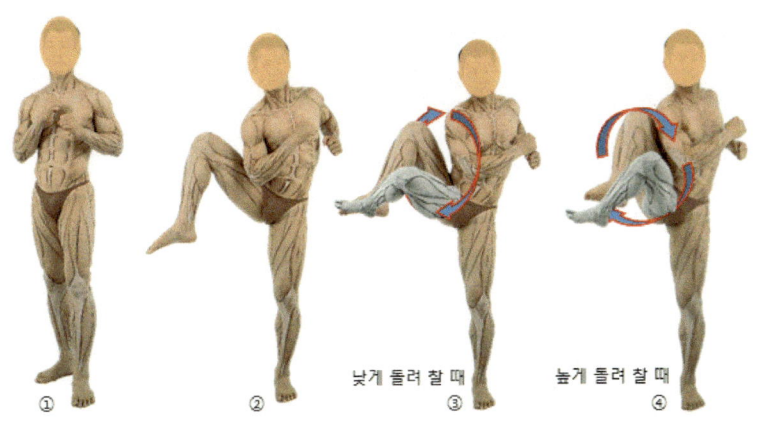

그림 3-55. 돌려차기 시 고관절 내회전

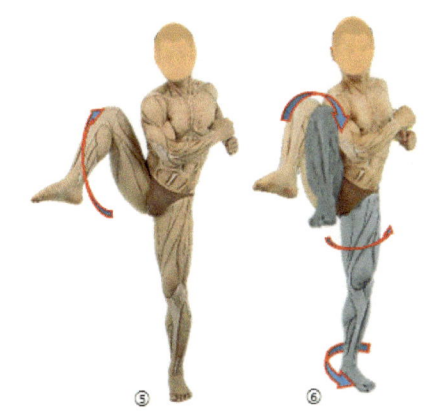

그림 3-56. 들어 올리는 다리와 지지하는 다리의 협응

　주의할 점은 들어 올리는 다리에만 집중하여 지지하는 다리의 회전을 간과하지 않아야 한다는 것이다. 지지하는 다리의 회전이 없으면 올린 다리는 〈그림 3-56〉의 ⑤와 같이 바깥쪽을 향하게 되지만 지지하는 다리를 바깥쪽으로 회전시키면 ⑥에서처럼 올린 무릎이 돌아가며 자연스럽게 전면을 향하게 된다. 다시 말하면, 목표의 위치에 따라 지지하는 다리를 얼마나 회전시킬지 결정하고, 지지하는

다리의 회전속도에 따라 발차기의 강도(파워)를 결정할 수 있다(지지 다리의 회전속도는 몸통의 회전속도에 영향을 받는다).

앞서 앞차기에서 알아본 바와 같이 발차기가 원활하게 이뤄 지려면 골반의 움직임에 주의를 기울여야 한다. 〈그림 3-57〉은 몸통이 회전하면서 지지하는 다리도 바깥쪽으로 회전하고, 지지하는 다리가 회전하면서 차는 다리의 무릎을 들어 올리게 되는 과정 중에 나타나는 골반의 움직임에 대하여 설명하고 있다.

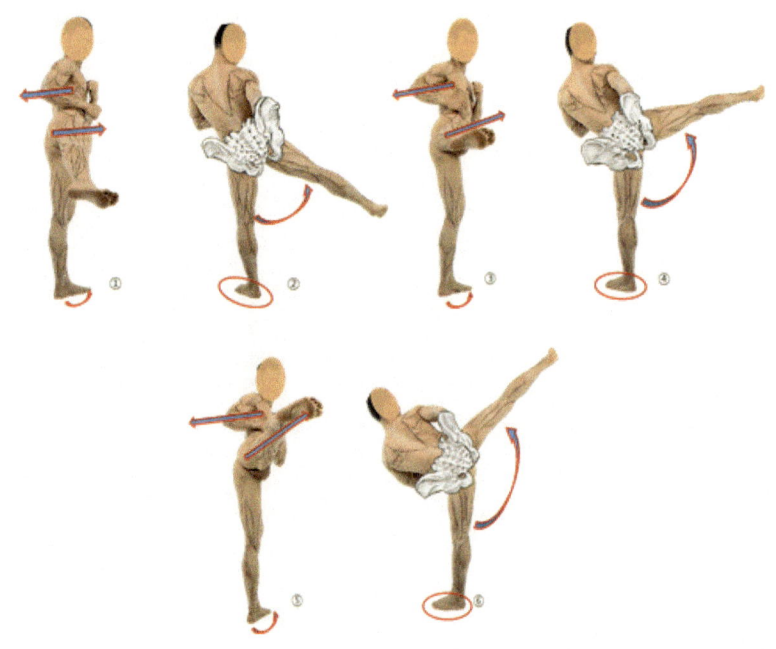

그림 3-57. 돌려차기 높이 별 지지하는 다리의 회전, 상·하체 간 토크의 상호작용, 골반의 움직임
(①, ②: 무릎 높이 / ③, ④: 몸통 높이 / ⑤, ⑥: 얼굴 높이)

돌려차기에서 골반의 움직임은 기본적으로 앞차기와 같다. 하지만 몸통을 기울이고 돌리는 과정에서 앞차기와 다른 두 가지 요인이 있다. 이는 목표의 높이를 결정짓는 중요한 동작이다.

첫 번째로 들어 올린 다리의 고관절 외전이다(일반적으로 고관절은 똑바로 선 상태에서 〈그림 3-58〉와 같이 약 45° 외전된다).

두 번째는 지지하는 다리의 고관절 굴곡이다. 고관절 굴곡은 상체의 기울기를 조절하는 데 중요한 역할을 하며 신체의 균형을 유지하고 거리를 조절할 수 있게 한다.

이와 같은 고관절의 움직임 덕분에 몸통을 기울이고 높이를 조절하며 상체의 회전력을 다리로 전달할 수 있게 된다.

골반의 움직임을 이해했다면 실제로 골반을 움직이는 방법을 알아보자.

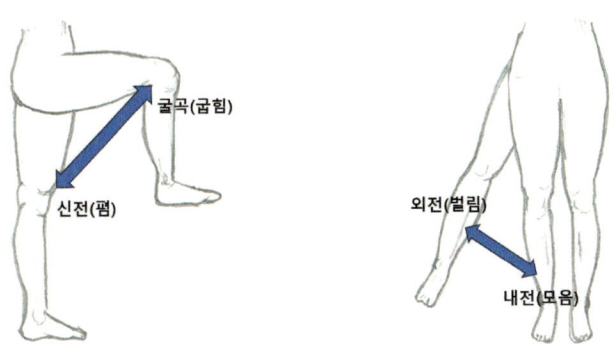

그림 3-58. 고관절의 굴곡과 외전

골반의 움직임은 수련자가 의식하고 수행하는 무릎의 동작으로 나타난다. 무릎을 들어 올린 후 고관절을 돌려 〈그림 3-59〉의 ①, ②와 같이 발차기의 휘두름면(swing plane)이 지면과 수평이거나 발등이 지면 쪽으로 향하도록 하면 허리 높이 혹은 그보다 낮은 높이의 목표를 찰 수 있다. 만약 ③, ④와 같이 발차기의 휘두름면이 대각선 위쪽이면 허리 높이 이상의 높은 목표를 찰 수 있다.

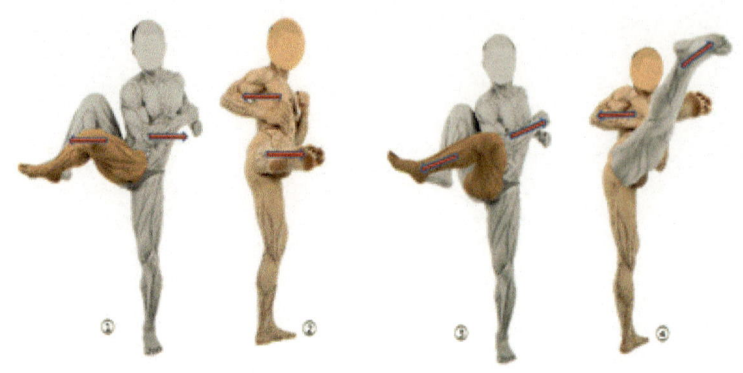

그림 3-59. 목표의 높이에 따른 들어 올리는 무릎의 기울기 변화
(①, ②: 낮게 돌려찰 때 / ③, ④: 높게 돌려찰 때)

또한, 팔과 다리가 교차되면서 균형추 역할을 하여 발차는 동안 신체의 균형을 유지하고 회전력의 상호작용 효과에 의해 더욱 빠르게 발차기를 할 수 있다. 참고로, 발이 목표에 닿는 순간부터는 충격력을 전달하는 시간을 확보하기 위한 발차기 전략을 사용한다.

〈그림 3-60〉은 두 발차기에서 나타나는 고관절의 휘두름 동작(swing motion)에 대한 차이를 나타낸다.

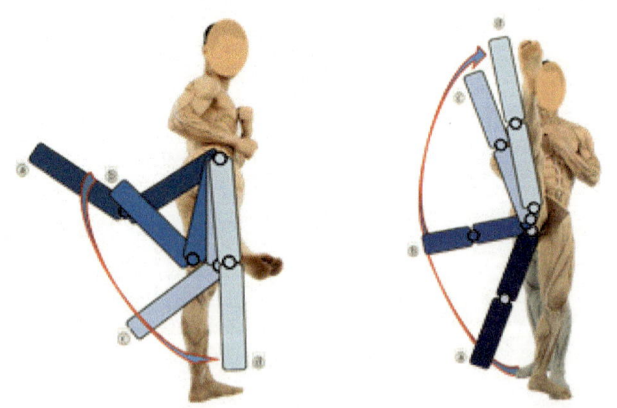

그림 3-60. 돌려차기와 안차기의 발차기 패턴 (고관절의 휘두름 동작)

돌려차기와 달리 안차기는 차는 다리를 편 상태에서 다리 전체를 안쪽으로 휘둘러 목표를 가격하는 기술이다. 안차기는 발목의 움직임을 충분히 활용하여 발날등, 발뒤꿈치 부위 또는 발바닥을 사용할 수 있다. 다음 〈그림 3-61〉은 돌려차기가 진행되는 과정을 일련의 순서로 정리한 것이다.

그림 3-61. 돌려차기 수행과정

① 돌려차기를 준비하고
② 차는 다리를 밖으로 벌려 올리면서
③ 지지하는 다리를 틀고
④ 상체를 더욱 비틀어 무릎의 방향이 목표를 향하도록 조정한 후
⑤ 돌려차기를 완성한다.
④ 에서 지지하는 다리가 회전하며, ⑤차는 다리의 무릎이 완전히 펴질 때까지 몸 전체가 함께 회전하여 돌려차기를 수행한다.

〈그림 3-62〉부터 〈그림 3-64〉는 목표물의 높이가 '무릎 높이', '몸통 높이', '얼굴 높이 이상'의 세 경우에 대하여 돌려차기 시 나타나는 무릎과 발의 위치변화를 나타낸다.

그림 3-62. 돌려차기(무릎 높이)

그림 3-63. 돌려차기(몸통 높이)

그림 3-64. 돌려차기(얼굴 이상 높이)

〈그림 3-62〉부터 〈그림 3-64〉의 ②에서 볼 수 있듯이, 목표가 무릎 높이 정도의 낮은 목표를 향해 돌려차기를 할 때는 고관절보다 무릎을 더 깊이 굽히고 빠르게 동작한다. 즉, 낮은 목표를 찰 경우 다리를 안으로 회전시키는 노력이 상대적으로 크기 때문에 고관절의 굽힘은 덜 강조된다. 또한, 발을 안쪽으로 휘두르기 위해 무릎이 깊이 구부러지고 고관절은 내회전 되는 모습을 확인할 수 있다. 이와 함께, 낮은 높이를 차는 경우 발의 수평 이동 거리가 상대적으로 길어지는 경향이 있다.

반면, 목표가 높아질수록 고관절의 굽힘이 무릎관절보다 더 크게 작용한다. 〈그림 3-64〉에서 보이는 것처럼 고관절의 동작으로 인해 무릎이 더 빠르고 높이 올라가며, 이에 따라 무릎의 상승 동선이 길어지고 골반의 기울기도 증가하는 경향을 보인다.

(2-3) 옆차기

옆차기는 다리를 몸쪽으로 오므린 후 발을 강하게 뻗어 옆에 있는 목표를 가격하는 공격기술로서 기술의 방향이 바깥쪽을 향하는 하지의 대표 단위 동작이다. 옆차기는 발날, 발바닥 및 뒤축을 사용할 수 있다.

옆차기 동작의 가장 큰 특징은 다리와 발을 몸 가까이 접은 후 강하게 뻗는 점이다. 이러한 움직임은 마치 응축했던 용수철이 탄성에 의해 강하게 펴지는 모습과 유사하며 높은 정확성과 강한 파워를 내는 것이 특징이다.

그림 3-65. 옆차기 동작의 신체 협응

옆차기는 〈그림 3-65〉의 차는 다리의 무릎을 대각선 방향의 어깨 쪽으로 들어 올리며 시작한다. 이후 지지하는 다리를 바깥쪽으로 돌리고 몸통을 기울이며 무릎의 위치를 조절한다. 무릎의 위치는 목표의 높이에 의해 결정된다.

〈그림 3-66〉에서 ⓐ와 ⓑ는 각각 상체와 차는 다리의 운동 방향을 의미한다. 상체, 팔 그리고 다리의 운동방향은 차기 동작이 이루어지는 과정에서 소위 닫혔다가 열리는 힘(counter-balance)이 이용되는 것을 보여준다. 지지하는 다리의 방향을 의미하는 ⓒ는 ⓐ와 ⓑ의 상황에 따라서 지면과 수직으로 곧게 세워지기도 하고 기울어지기도 한다.

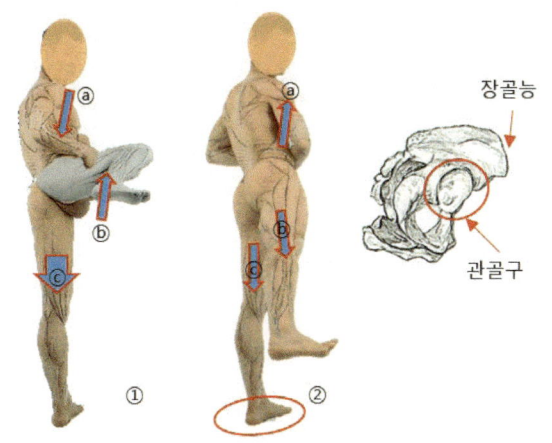

그림 3-66. 무릎 높이의 옆차기 시 골반과 지지하는 다리의 협응
(ⓐ: 상체의 방향, ⓑ: 차는 다리의 방향, ⓒ: 지지 다리의 방향)

   옆차기 수행 중 신체 균형을 유지하려면 상체를 기울이는 동작이 필수적이며, 이는 골반의 움직임과 지지하는 다리의 회전과 조화를 이루어야 한다. 특히, 지지하는 다리와 상체 간의 균형 있는 힘의 분배는 강력한 옆차기를 수행하는 핵심 요소이다.

   옆차기는 발날, 발바닥, 뒤축을 사용하여 몸의 옆쪽으로 차는 기술이다. 이때 골반의 기울기와 회전량이 발차기의 높이, 정확도 및 속도에 영향을 미치며, 발차기 시 발생할 수 있는 운동 손상과도 밀접한 관련이 있다. 따라서 골반대(pelvic girdle)의 움직임을 세밀하게 조절하는 것이 중요하다.

   옆차기의 높이에 따라 골반대의 움직임과 지지하는 다리의 틀어짐(외회전)이 달라지는 모습을 〈그림 3-66〉에서 확인할 수 있다. ②와 같이 낮게 차는 옆차기는 골반대의 관골구가 목표 방향으로 낮게 조정되며, 신체 균형을 유지하기 위해 지지하는 다리가 적절하게 틀어진다(외회전).

〈그림 3-67〉의 ④에서 볼 수 있듯이 몸통 높이로 차는 경우, 관골구의 위치는 발의 방향과 일치하며, 발과 같은 높이로 보인다. 지지하는 다리는 신체의 균형을 위해 밖으로 틀어지기도 하지만 두 다리 사이의 각도를 넓히기 위해 골반대의 회전과 기울기(좌측경사)가 더해진다(만약 왼발로 옆차기를 하는 경우, 골반대는 우측경사가 나타난다).

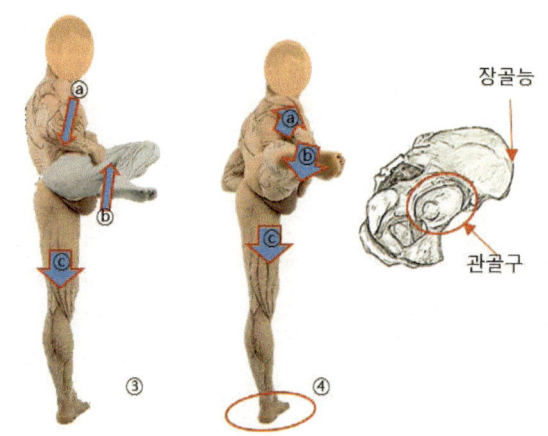

그림 3-67. 몸통 높이의 옆차기 시 골반과 지지하는 다리의 협응
(ⓐ: 상체의 방향, ⓑ: 차는 다리의 방향, ⓒ: 지지 다리의 방향)

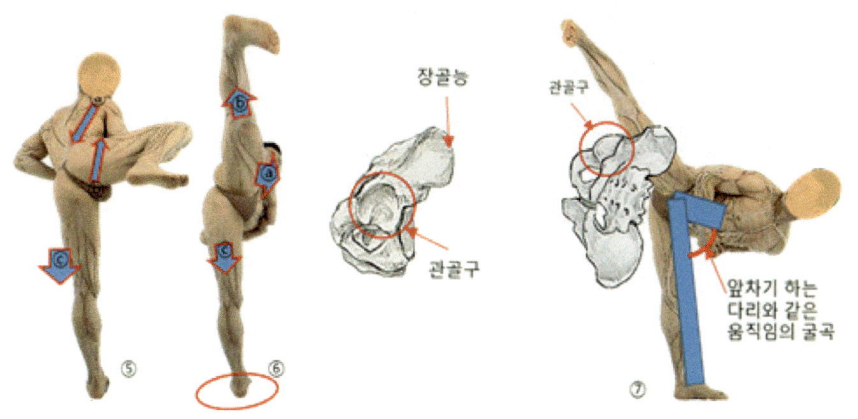

그림 3-68. 얼굴 높이 이상의 옆차기 시 골반과 지지하는 다리의 협응
(ⓐ: 상체의 방향, ⓑ: 차는 다리의 방향, ⓒ: 지지 다리의 방향)

〈그림 3-68〉은 지지하는 다리의 고관절이 굴곡하고 완전히 밖으로 틀어지며 균형을 유지하는 것을 보여준다. 또한, 골반의 회전과 좌우 방향의 기울기가 더해져 차는 다리의 관골구는 목표의 방향과 일치하도록 위쪽을 향하게 된다.

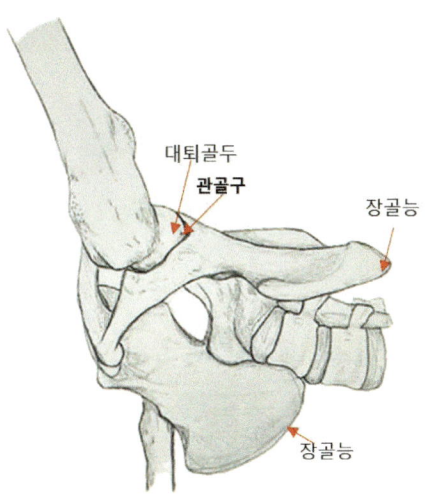

그림 3-69. 높은 목표를 향한 옆차기 시 골반과 고관절의 골격모형

Ⅲ. 태권도 필수동작의 이해. 105

〈그림 3-68〉의 ⑦은 〈그림 3-69〉와 같은 골격모형으로 표현 된다. 차는 발의 높이가 높아질수록 지지하는 다리와 상체 사이의 내각이 작아지게 된다. 이는 발차기를 하면서 신체의 균형을 유지하기 위해 상체의 기울기가 달라지기 때문이며 지지하는 다리의 고관절 굴곡(굽힘)에 의한 결과이다〈그림 3-70〉.

옆차기 동작을 원활하게 수행하기 위해서는 고관절 굴곡과 골반대의 좌우 회전 및 좌우 경사(기울기)가 반드시 수반된다. 이는 다리를 앞뒤로 벌린 상태에서 복부의 전면이 바닥을 향하는 듯한 움직임을 통해 자연스럽게 유도될 수 있다〈그림 3-70〉.

이러한 동작을 연습하면 허리의 유연성을 높여주고 옆차기 시 머리의 위치를 더욱 쉽게 조절할 수 있게 된다.

그림 3-70. 골반의 회전, 기울기와 고관절의 가동범위

※ 골반의 회전, 기울기와 고관절의 가동범위 골반의 회전과 기울기에 따라 두 다리 사이의 가동범위가 크게 달라지며, 골반의 적절한 협응은 고관절에 발생할 수 있는 부상을 예방하는 데 중요한 역할을 한다.

그림 3-71. 옆차기 높이에 따른 상체 기울기의 차이

〈그림 3-72〉는 옆차기를 수행하는 과정을 단계별로 나눈 것이다. 발차기 준비자세에서 ②와 같이 무릎을 안쪽으로 깊이 들어 올리면서 지지하는 다리를 밖으로 틀어주며 시작한다.

그림 3-72. 옆차기 수행과정(우측부터 ①부터 ⑥까지)

옆차기 수행 중 〈그림 3-72〉의 ③~④의 과정은 매우 빠르게 이루어지게 되는데, 이 동작을 숙련시키기 위해 이퀄라이저바를 이용한 효과적인 훈련법을 〈그림 3-73〉의 ④-1에서 소개하고 있다. 이때, 지지하는 다리의 외회전도 함께 빠르게 이루어져야 한다. 이후 고관

절과 무릎을 동시에 펴면서 옆차기를 수행(⑤)한다. 발을 찬 후에는 〈그림 3-72〉의 ⑥과 같이 찬 발을 신체의 중심 쪽으로 빠르게 당겨 균형을 잡고 다음 동작을 준비한다.

그림 3-73. 이퀄라이저바를 이용한 옆차기 연습

〈그림 3-74〉부터 〈그림 3-76〉은 목표물의 높이가 무릎, 몸통, 얼굴 높이 이상인 세 가지 경우에 따른 옆차기 동작에서 무릎과 발의 위치변화를 나타낸다. 차기 위해 들려지는 다리 무릎의 높이와 무릎과 중심선과의 거리에 따라서 옆 차는 목표의 높이가 조절되며 목표를 가격하는 속도에 차이가 생긴다.

그림 3-74. 옆차기(무릎 높이)

그림 3-75. 옆차기(몸통 높이)

그림 3-76. 옆차기(얼굴 이상 높이)

※ **옆차기와 뒤차기의 비교**

〈표 3-4〉는 두 발차기에 대한 기술의 방향, 동작의 패턴 및 주요 사용부위를 비교하고 있다.

차기	기술의 방향	동작 패턴	주요 사용부위
옆차기	옆 (outward)	뻗기 (push-like motion)	발날, 뒤축, 발바닥
뒤차기	뒤 (backward)	뻗기 (push-like motion)	뒤축, 발바닥

표 3-4. 옆차기와 뒤차기의 비교

두 기술 간 가장 큰 차이는 기술의 방향에서 야기된 골반대의 움직임에서 비롯된다. 뒤차기는 골반대의 의도적인 좌우 회전을 억제하고 다리를 뒤쪽으로 뻗기 때문에 주로 발바닥이나 뒤축을 사용하게 된다. 이와 달리 옆차기는 차는 방향에 따라 골반대의 좌우 기울임과 회전이 발생한다. 〈그림 3-77〉에서 두 발차기 동작이 완성된 순간에 나타나는 골반의 위치를 쉽게 비교할 수 있다.

그림 3-77. 뒤차기와 옆차기 시 골반대의 동작 비교

※ **돌려차기와 옆차기의 비교**

〈표 3-5〉는 돌려차기와 옆차기에 대한 기술의 방향, 동작의 패턴 및 주요 사용부위를 비교하고 있다.

차기	기술의 방향	동작 패턴	주요 사용부위
돌려차기	안 (inward)	휘두르기 (swing-like motion)	발등, 앞축, 발끝
옆차기	옆 (outward)	뻗기 (push-like motion)	발날, 뒤축, 발바닥

표 3-5. 돌려차기와 옆차기의 비교

〈표 3-5〉에서 알 수 있듯이 두 발차기는 동작의 방법과 형태뿐만 아니라 사용부위도 다른 기술임을 확인할 수 있다.

그런데 최근에는 두 발차기를 정확하게 구분하지 못하는 수련자가 많이 보인다. 특히 〈그림 3-78〉과 같이 옆차기를 할 때 돌려차기와 유사한 방식으로 차올리고 발날만 유지하는 경우를 꽤 자주 볼 수 있다. 이러한 오류는 발의 높이가 지나치게 강조되는 품새대회에서 비롯된 부정적인 영향으로 판단한다. 이러한 상황이 계속된다면, 잘못된 동작으로 말미암아 개인에게 발생할 수 있는 급·만성 운동손상에 대한 방치가 될 수 있고, 나아가 외부로부터 평가되는 태권도의 이미지에 대한 폄하 또는 왜곡과 같은 부정적인 상황을 마주하게 될지도 모른다.

그림 3-78. 돌려차기와 옆차기가 혼합된 잘못된 발차기 자세

※ 뒤후려차기

　뒤후려차기는 뒤쪽에 있는 목표를 향해 몸을 돌려 후려 차는 기술로서 모든 기본발차기의 총집합이며 빠른 몸통 회전과 정확한 시선처리가 요구되는 발차기이다.

　뒤후려차기의 수행방법은 ①발차기 준비자세에서, ②몸을 돌리며 뒤쪽으로 시선을 이동시킨다. ③고관절을 굽히며, ④벌려서, ⑤곧바로 옆차기를 할 것 같은 다리의 모양으로 만든다. ⑥목표를 향해 뻗어, ⑦찰 때, ⑧무릎을 굽혀 낚는 듯 후려내면서, ⑨돌려차기의 마무리와 같은 방법으로 회전을 이어간다. ⑩균형을 잡고, ⑪준비자세로 돌아간다〈그림 3-79〉.

그림 3-79. 뒤후려차기

※ 뒤차기, 옆차기

<그림 3-79>의 ③자세에서 앞으로 차면 앞차기, 뒤쪽으로 뻗어차면 뒤차기가 된다. ④와 ⑤에서는 옆차기를 수행할 수 있고, ⑥을 돌려차기의 정점으로 하여 목적을 달성한 후 ⑧은 회수되는 과정이다. ⑪, ⑩, ⑨, ⑧, ⑦, ⑥의 순서로 동작을 수행하게 되면 돌려차기가 된다. 기초적인 발차기 기술인 앞차기, 뒤차기, 돌려차기, 옆차기를 정확하게 수행하게 되면 뒤후려차기는 쉽게 체득할 수 있다.

"

　본 교재에서는 태권도의 기술체계와 태권도 기술의 기준이 되는 핵심 동작을 정리하였다. 내용의 이해를 돕기 위해 피부 표면에 근육을 표시한 모델의 사진을 첨부하였다. 이는 태권도 기술동작을 수행하는 동안 나타나는 사지의 움직임과 골반의 회전 및 허리의 비틀어짐 등과 같은 현상을 보다 쉽게 관찰할 수 있도록 하기 위함이다.

　다음 편에서는 태권도 기술을 구성하는 각각의 동작에 대하여 더욱 구체적으로 접근함으로써 태권도의 기술을 응용하고 연계하여 확장할 수 있는 확장기술과 그와 관련된 훈련법에 이르기까지 자세히 소개하며 다루도록 하겠다.

"

참고문헌

- 구본호. (2010). 태권도 앞굽이 서기자세와 전굴 서기자세의 운동역학적 비교 (국내석사학위논문). 경희대학교, 경기도.

- 구본호. (2017). 태권도 몸통돌려차기 시 무릎관절에 작용하는 전단력에 대한 분석. 무예연구, 11(3), 145-166.

- 국기원. (2021). 태권도교본. ㈜명진씨엔씨.

- 대한태권도협회. (1975). 태권도교본 품세편. 범학사.

- 박명수, 설성란, & 김영인. (2013). 태권도 품새 몸통 안막기의 유형에 따른 동작 및 상지 근활성도 분석. 한국체육교육학회지, 18(1), 163-174.

- 박인석, & 이상열. (2016). PNF 하지 패턴이 반대측 중둔근의 활성도에 미치는 영향. PNF and Movement, 14(3), 195-202.

- 설성란. (2018). 태권도 아래내려막기 시 목표각도에 따른 주관절 신전 특성에 대한 운동역학적 분석 (국내박사학위논문). 경희대학교 대학원, 경기도.

- 아에 미치요시, & 후치이 노리히사. (2008). 스포츠 생체역학 20강. 대한미디어.

- 오정헌, 한누리, & 서태범. (2021). 고관절 외전 각도가 리버스 하이퍼 익스텐션 운동 시 근활성도에 미치는 영향. 한국체육과학회지, 30(6), 769-776.

- 윤용발. (2011). 유도 받다리후리기의 무게중심에 관한 연구. 대한무도학회지, 13(1), 159-169.

- 최치선, 강명수, 양종현, & 설성란. (2016). 운동역학적 원리에 근거한 태권도 기술 분류-회전운동 반작용을 중심으로. 국기원태권도연구, 7(3), 191-210.

- Arenales Arauz, Y. L., van der Zee, E. A., Kamsma, Y. P., & van Heuvelen, M. J. (2023). Short-term effects of side-alternating Whole-Body Vibration on cognitive function of young adults. Plos one, 18(1), e0280063.

- Fettrow, T., Reimann, H., Grenet, D., Thompson, E., Crenshaw, J., Higginson, J., & Jeka, J. (2019). Interdependence of balance mechanisms during bipedal locomotion. PloS one, 14(12), e0225902.

- Moon, Y. J. (2001). Snatch Technique property of Elite Weight Lifter. The Korean Journal of Physical Education, 40(2), 843-851.

- Pappas, A. M., Zawacki, R. M., & Sullivan, T. J. (1985). Biomechanics of baseball pitching: a preliminary report. The American journal of sports medicine, 13(4), 216-222.

- R.T. FLOYD. (2019). 운동 기능해부학. 한미의학.

- Sean P. Flanagan. (2016). 생체역학 사례기반 접근. 한미의학.

- Weihmann, T. (2022). The Smooth Transition From Many-Legged to Bipedal Locomotion—Gradual Leg Force Reduction and its Impact on Total Ground Reaction Forces, Body Dynamics and Gait Transitions. Frontiers in Bioengineering and Biotechnology, 9, 769684.